＼元国税調査官がズバリ教える／

マイナンバーで損する人、得する人

元国税調査官
大村大次郎
Ojiro Omura

ビジネス社

はじめに

2016年1月からマイナンバー制度が施行される。

が、一般の方には、マイナンバー制度がどういう目的でつくられ、生活にどういう影響があるのか、なかなかわかりづらいものではないだろうか。

「マイナンバー制度によって課税が強化される」などと吹聴する経済誌なども多い。

そういう記事を読むと、マイナンバー制度に、戦々恐々としてしまう方も多いのではないだろうか？

マイナンバー制については、今でもさまざまな場所で議論が行われている。

この議論に対して、ウサン臭いものを感じている人も多いはずだ。

政府側の言い分を聞くと「なんか都合のいいことを言って、また税金を取ろうとしているんじゃないか」と思えてくる。

反対する市民団体の意見などを聞くと「なんでもかんでも反対して、何か信用できない」と思えてくる。

一体、誰を信じればいいのか、マイナンバー制って一体何なのか、わからなくなっている人も多いのではないだろうか？

さて、筆者は元国税調査官である。現在は、ライターをしている。

これまで、筆者は、国税当局の暴露話や、税制の批判などを散々してきた。ありていに言えば、国税当局の悪口を言って、飯を食ってきたということである。

つまり筆者は、政府や国税当局を擁護する必要性など、まったくない立場の人間である。

だから、マイナンバー制についても、自分の知っていること、思っていることを自由に発言できる立場にいる。もっといってしまえば、マイナンバー制について、最も客観的な見方ができているのではないかと自負している。

なので、本書では、マイナンバー制について、客観的に公平な見方でご紹介をしていきたいと思う。

一体、誰が損をして、誰が得をするのか？

マイナンバー制度の根幹を知りたい方は、ぜひご一読いただきたい。

大村大次郎

２０１５年7月末日

※本書に掲載されている情報は、2015年7月現在のものです。最新の情報につきましては、内閣府のホームページなどで、ご確認ください。

第1章

そもそも
マイナンバー制度とは
一体どのようなものなのか？

2015年10月よりついに動き出すマイナンバー制度。日本人の生活を根本的に変えるかもしれない一大変革であるにもかかわらず、その全容を理解している人はことのほか少ない。そこで、この制度を考えるにあたって必要となるアウトライン、そして、その歴史、さらには将来像などについて、まずは見ていこう。

マイナンバーのポイント①

まずは制度導入の裏を読み解く！

マイナンバーはこの国に住むすべての人に関係してくる！

いよいよ、２０１５年10月からマイナンバー（個人番号）の通知、そして来たる２０１６年1月より、マイナンバー制度の本格的な運用がスタートする。

マイナンバー制度の正式名称は「社会保障・税番号制度」というものだ。内容を端的にいうと「国や地方自治体が個人のさまざまな情報を一つの番号で一元管理し、事務の簡素化、効率化、そして手続きの漏れを防ぐ制度」となる。

こう聞くと、たとえば役所に行って手続きをする際にのみ必要となるもの。あるいは役所や年金機構など公的な機関に勤めている人だけが知っておけばいいこと、というふうに思われるかもしれない。

実際、多くの人が、

「マイナンバー制度って名前は聞くけど、一体何なの？」

「なんで今、導入されるの？」

「メリットって何かある？」

と他人事のように捉えているのが現状だろう。

しかし、これは大きな問題である。

なぜなら、**外国人を含む日本に住民票を持つすべての人にマイナンバーが振られる、つまり２０１６年以降、誰もがマイナンバーと無縁ではいられなくなる**からだ。

しかも**働いている人はもとより、働いていない人、それも専業主婦だけでなく、生まれたばかりの赤ちゃん、１００歳を超える高齢者、あるいは失業中の人など、ありとあらゆる人の生活に非常に大きな影響を与える、極めて重要な社会変革**なのである。

この制度がきちんと機能すれば、これまでにない公正・公平な社会が実現するかもしれない。

そして、また制度の内容を知っているか知っていないかで、世のなかに対する意識も変わってくる可能性すらある。

それくらい重要な制度の実際を、これから見ていきたい。

なお、もしマイナンバー制度の概要がおおよそわかっているのであれば、本章は飛ばして、より実践的・暴露的な内容が詰まった第2、第3章から読み進めてもらったほうがいいだろう。

マイナンバーは社会保障・税・災害がメインフィールド

まず、具体的にどのような場面で、マイナンバー制度は利用されるのだろうか。

政府はマイナンバーが必要となるジャンルを次のように分けている。

すなわち、

「社会保障分野」

「税分野」

「災害対策分野」

というものだ。

つまり、年金、雇用保険、医療保険の手続き、生活保護、児童手当などの福祉の給付、そして確定申告などの税に関する手続きにおいて、申請書等に記載する際、マイナンバーが求められることになる。

たとえば、**生まれてからまだ間もない赤ちゃんであっても、乳幼児医療費助成や児童手当といった行政手続きにおいて、マイナンバーが必要とされる**のだ。

また、企業、役所、学校など法人で働いている人の場合、税関係の事務処理や健康保険、厚

マイナンバー制度の基本

対象	生まれたばかりの赤ちゃんから、100歳を超える高齢者まで、外国人を含む日本に住民票を持つ人すべて
スタート	2016年1月
通知方法	2015年10月より各市町村から住民票の住所宛てに、12ケタのマイナンバーが記載された通知カードを送付
導入理由	「行政の効率化」＝行政機関等における情報の照合、転記、入力などに要する時間・労力の大幅な削減 「国民の利便性の向上」＝各種添付書類の削減、情報確認・行政サービスの利便性アップ 「公平・公正な社会の実現」＝所得・税・各行政サービスの受給状況等の正確な把握、不正給付の防止、生活困難な住民への細かな支援
使用目的	「社会保障分野」＝年金・雇用保険の資格取得・受給、保険料の徴収、生活保護申請など 「税分野」＝税務当局に提出する申告書などへの記載・確定申告（平成28年分から）など 「災害対策分野」＝被災者生活再建支援金の支給手続き・被災者台帳作成の際の事務など
情報の管理方法	個人情報は各行政機関等が保有し、他の機関の個人情報が必要とされる場合、法律に定められているものに限り、情報提供ネットワークシステムを利用して、情報の照会・提供を行うことが可能
情報の確認方法	2017年1月から稼働予定の「情報提供等記録開示システム（マイナポータル）」にて、自分の個人情報が行政機関等でどのようにやり取りされているかなどについての確認が可能

マイナンバーの実際の実例

① 毎年６月の児童手当の現況届の際に、市町村にマイナンバーを提示する

② 厚生年金の裁定請求の際に、年金事務所にマイナンバーを提示する

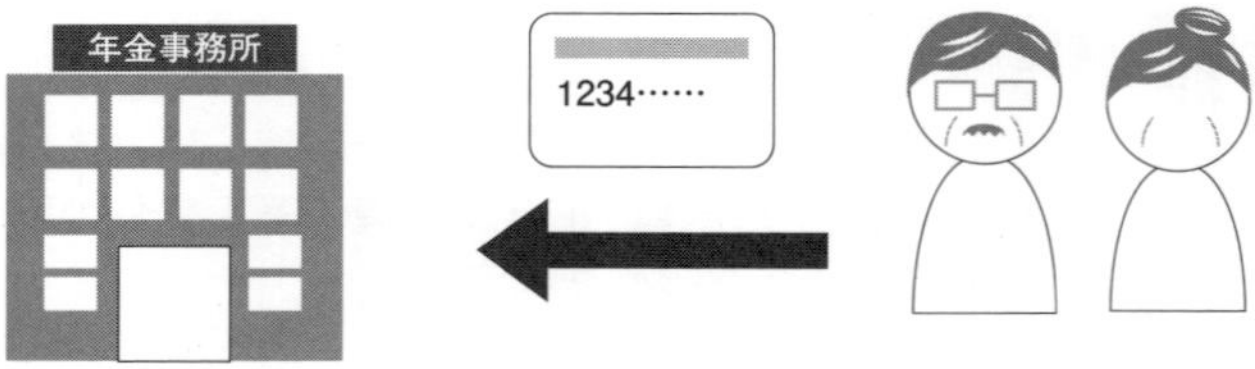

③ 証券会社や保険会社等にマイナンバーを提示し、法定調書等に記載する

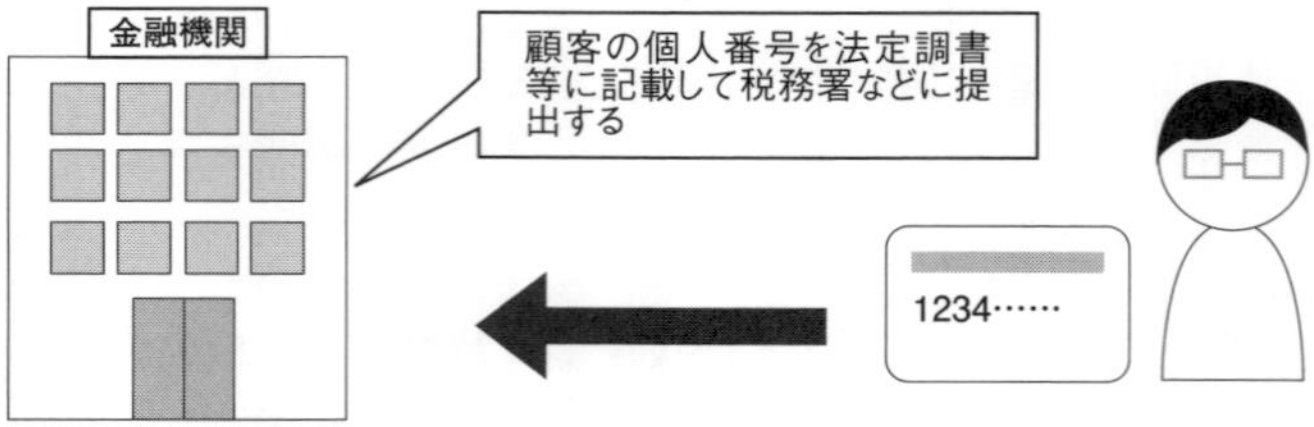

④ 勤務先にマイナンバーを提示し、源泉徴収票等に記載する

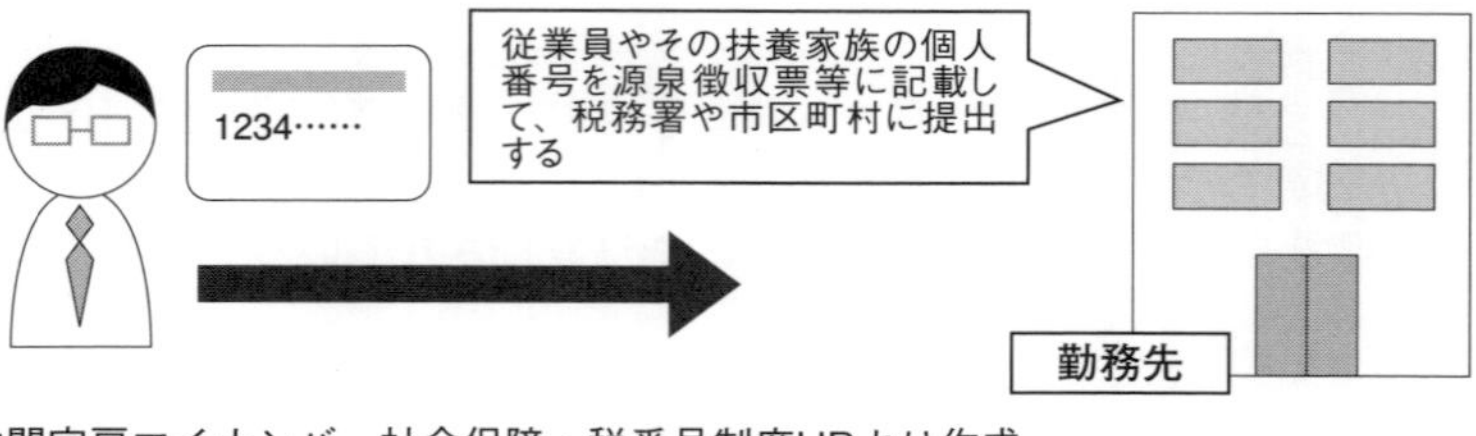

※内閣官房マイナンバー社会保障・税番号制度HPより作成

生年金の加入といった社会保険の手続きは、経営者や担当者が当事者に代わって行うのが一般的なので、勤務先にマイナンバーを提出することもあるだろう（健康保険、厚生年金でマイナンバーが必要となるのは２０１７年1月以降）。

さらに、証券会社、あるいは保険会社といった金融機関では、利息、配当金、保険金などに関する税務処理を行っており、そうした手続きにもマイナンバーが必要となってくる。そのため、やはり２０１６年1月以降、取引先の金融機関にも自分自身や家族のマイナンバーを提示する必要が生じてくるのだ。

ちなみに、マイナンバー制度の法案が検討されている最中の２０１１年3月に、東日本大震災が発生した。そのため、被災者台帳の作成事務などにも利用することが法律に盛り込まれている。実際、**生活支援金など被災者へのサービスを成り済まして受けようとする人が今でも少なからずいる。しかし、マイナンバーを利用することによって、そうしたダマシも防ぐことができる**だろう。

半世紀前から存在していたマイナンバー導入のうねり

さて、テレビ、新聞、雑誌などで最近、とみにマイナンバー制度が取り沙汰されるようになったせいもあり、この制度はあたかも今の自民党安倍晋三政権が設計し、世に送り出したものと思われている人も多いのではないだろうか。

しかし、実際はそうではない。実はこの制度は、50年近く前から何度も構想として議論の的となっては潰され、またぞろ復活しては潰されという歴史を繰り返してきたのだ。

ことの発端は1968年、当時の佐藤栄作内閣が検討した「国民総背番号制」だ。これは、個人の所得をきっちりと把握し、高所得者からも漏れなく税金を徴収することを目的としたものだった。しかし、締めつけの強さ、市民生活への国家権力の過度の介入といった理由で、反対の声が高まり、結局立ち消えとなってしまったのである。

その後、**1980年、大平正芳内閣時に、今度は「グリーンカード制度（少額貯蓄等利用者カード）」が導入されることとなった。**覚えている方もいるかもしれないが、当時「マル優」という、元本300万円までの預貯金に付く利子は非課税となる貯蓄制度があった。

もともとは貯蓄奨励と少額貯蓄者を保護するために導入されたのだが、やがて、この制度を悪用して、仮名でいくつもの口座を開いて税逃れする不正が横行するようになったのだ。そこで、グリーンカード制度を導入して、1枚のカードで名義人のすべての口座を登録・管理することにより、不正口座の把握、開設防止を行おうとしたのである。

政府の思惑通りことは運び、１９８０年3月、このグリーンカード制度を盛り込んだ所得税法改正案が可決された。

ところが、これを機に仮名口座に預けられていた資金が、金《ゴールド》や海外の企業が発行する債券などに流出してしまったのだ。

しかも、「国民総背番号制」のときのように、批判の声が国民から上がったのみならず、なんと身内の自民党からも法律潰しの動きが巻き起こった。

その中心となったのが、郵便局員を支持基盤とする郵政族、そして田中派である。

郵政族は郵便局からの資金流出を危惧する声に突き動かされた。さらに、郵便局のみならず金融業界全体が反対に回ったため、商工族の議員、そしてやはり票とカネ絡みで公共族の議員も反対に転じる。それを最大派閥の田中派が、野党も巻き込んで〝政局化〟し、大平内閣の後継内閣である鈴木善幸政権にプレッシャーをかけたのだ。

結局、１９８２年8月、鈴木内閣が制度実施の3年間先送りを決定。そして、中曽根康弘内閣の１９８５年3月、とうとうグリーンカード制度の廃止が決定されたのである。

以後、こうした収入や税金を一括して国が管理する制度を求める声は、影を潜めてしまう。

そして、それから30年のときを経て２０１３年5月、安倍晋三内閣において現在のマイナンバー制度が可決された。つまり、この制度は、およそ半世紀という長い年月をかけて、ようやく実現したものなのだ。

実は制度を発明したのは民主党だった！

こうして見てくると

「なるほど。マイナンバー制度は自民党長年の悲願だったのか。で、圧倒的な力を持つ安倍政権で成立したってわけね」

と思う人も少なからずいるだろう。

しかし、これは大きな間違いだ。

これから始まるマイナンバー制度を発明したのは、実は民主党だったのだ。

そもそも、民主党は結党当初からマイナンバー制度の導入をうたってきた。どちらかというと自民党の基盤が地方、とりわけ農家であるのに対し、民主党のそれは都市部のサラリーマンだ。詳しくは第3章で見ていくが、サラリーマンはきちんと税金を支払う、あるいは支払わせられる一方で、農家は脱税がしやすい。そこで、税の不公平感の是正を都市部の有権者に訴えるため、民主党は一貫してマイナンバー制度の導入を唱えていたのである。

事実、2009年に政権を奪取すると、さっそく法整備に着手し、2011年、菅直人内閣において「社会保障・税番号要綱」を決定。そして2012年2月、野田佳彦内閣のときに「マイナンバー関連3法案」を閣議決定し、国会に提出したのだ。

ところが、法案成立まであと2週間というときに、野田首相が衆議院を解散し廃案となってしまった。

その後、選挙の結果を受けて自民党が政権に返り咲き安倍内閣が発足。もともとこの法案は、「国民総背番号制」以来、自民党の悲願だったことから、渡りに船とばかりに民主党案をほぼ丸のみで2013年3月、国会に提出し、5月には成立に至ったのである。

これがマイナンバー制度導入の真相だ。

マイナンバーのポイント②

制度の中身と2018年大変革の実態!

「通知カード」と「個人番号カード」の違いとは?

さて、こうして導入が決まったマイナンバー制度は、今後どのように運営されていくのだろうか。今一度スケジュールを確認していきたい。

まず、近々の流れとしては**2015年10~11月に、各市町村から世帯ごとに人数分の「通知カード」が簡易書留で送られてくる**(なお、まったくの余談だが本書のタイトルに引き寄せていえば、**日本郵政はマイナンバー制度導入で強烈に得する人となる**だろう。なぜなら、**日本の全所帯、そして全法人にマイナンバーが簡易書留で送られるわけだから、日本郵政はそれだけで大もうけできる**はずである)。

この通知カードには、氏名、住所、性別、生年月日と12ケタの「個人番号」が記載されており、基本的にこの番号を生涯使うことになるのだ。

また、各自治体から送られてきた簡易書留のなかに、「個人番号カード交付申請書」が同封されている。同カードを入手する場合、この申請書を役所に返送しなければならない。面倒に思われるかもしれないが、申請書には住所等があらかじめ印字されているので、署名または捺印した上で自分の顔写真を添付し郵送するだけで申し込みは済む（スマートフォンで顔写真を撮影し、所定のフォームからオンラインで申請も可能）。

その後、**２０１６年１月から交付準備ができた旨を伝える通知が来るので、役所の窓口におもむき、本人確認をした上で、個人番号カードの発行となる**予定だ（企業でまとめて申請交付というやり方も用意されている）。

なお、この個人番号カード、実は２００３年８月から発行された「住民基本台帳カード」に代わるものという位置づけがされている。もっとも住基カードの普及率はわずか５％にすぎない。おそらく見たこともないという人も多いだろう。

そのような低普及率の要因となったのが発行手数料だ。自治体によって異なるが、５００円からなかには１０００円というところもある（無料の自治体もあるにはあるが）。そのためマイナンバー制度では、通知カードは当然のことながら、個人番号カードの発行手数料も無料だ。

このように、まず通知カードが配布され、続いて個人番号カードの申請となるわけだが、実はその申請は義務づけられているわけではなく、あくまで任意にすぎない。

マイナンバー制度の基本

	通知カード 	個人番号カード （表） 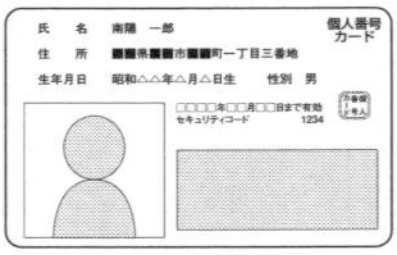	個人番号カード （裏） 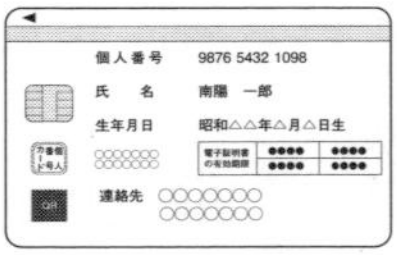
記載内容	氏名、住所、 生年月日、性別、 マイナンバー	氏名、住所、 生年月日、性別、 有効期限	マイナンバー、 ICチップ （電子証明書）
入手方法	2015年10月より各市町村から配布開始	1.通知カードとともに送られてくる個人番号カード申請書を役所に送付 2.役所から受理の連絡が来たら、窓口に行き、通知カードと写真つきの身分証明書を提示 3.通知カードと引き換えでカードを受理	
使用目的	行政機関、勤務先、金融機関などで個人番号を求められた際に提示（※ただし、運転免許証、パスポートなど、写真付きの身分証明書を併せて提示する必要あり）	・行政機関、勤務先、金融機関などで個人番号を求められた際に提示 ・公的な身分証明書 ・e-Tax（国税電子申告・納税システム）などによる税務処理を行う場合 ・将来的に民間、医療分野などでの履歴、所得等の確認	
有効期限	なし	未成年は5年、成年は10年	

では両者は一体何が違うのだろうか。

まず、通知カードはあくまで個人番号を伝えるだけのものであるため、たとえば会社や金融機関などで個人番号を提示する際は、通知カードとともに免許証やパスポートなど、写真付きの身分証明書も併せて提示する必要が出てくる。

一方で、個人番号カードには顔写真が記載されるため、それだけで身分証明書になるので、運転免許証がない人にとっては、簡単に持ち運べるIDカードとなる。もちろん、個人番号を伝える際にも他の身分を証明する書類は必要としない。

さらに、個人番号カードには電子証明書が搭載されたICチップがついているので、e-Tax（国税電子申告・納税システム）など各種電子申請を行えたり、将来的に自治体によっては図書館利用証、印鑑登録証など、条例で定められたサービスに利用したりすることもできるようになるだろう。

本番は3年後にやってくる！

それでは、個人番号カードの交付が始まる2016年以降、マイナンバー制度は具体的にどのように利用できるのか。時系列を追いながら見ていこう。

2018年からマイナンバーの範囲が一挙に拡大する!

- 金融機関での新規口座へのマイナンバー登録(任意)→2021年より義務化?
- 民間分野への拡大(住宅ローンの審査書類不要、個人カスタマイズされた保険商品の販売など)
- 医療分野への拡大(医療情報の共有など)

マイナンバーの今後はこうなる！

2015 年 10 月から通知カードの配布がスタートし、2016 年に本格運用開始。そして 2018 年、制度は一挙に拡大し、民間、医療、金融分野で大変革が起こる！

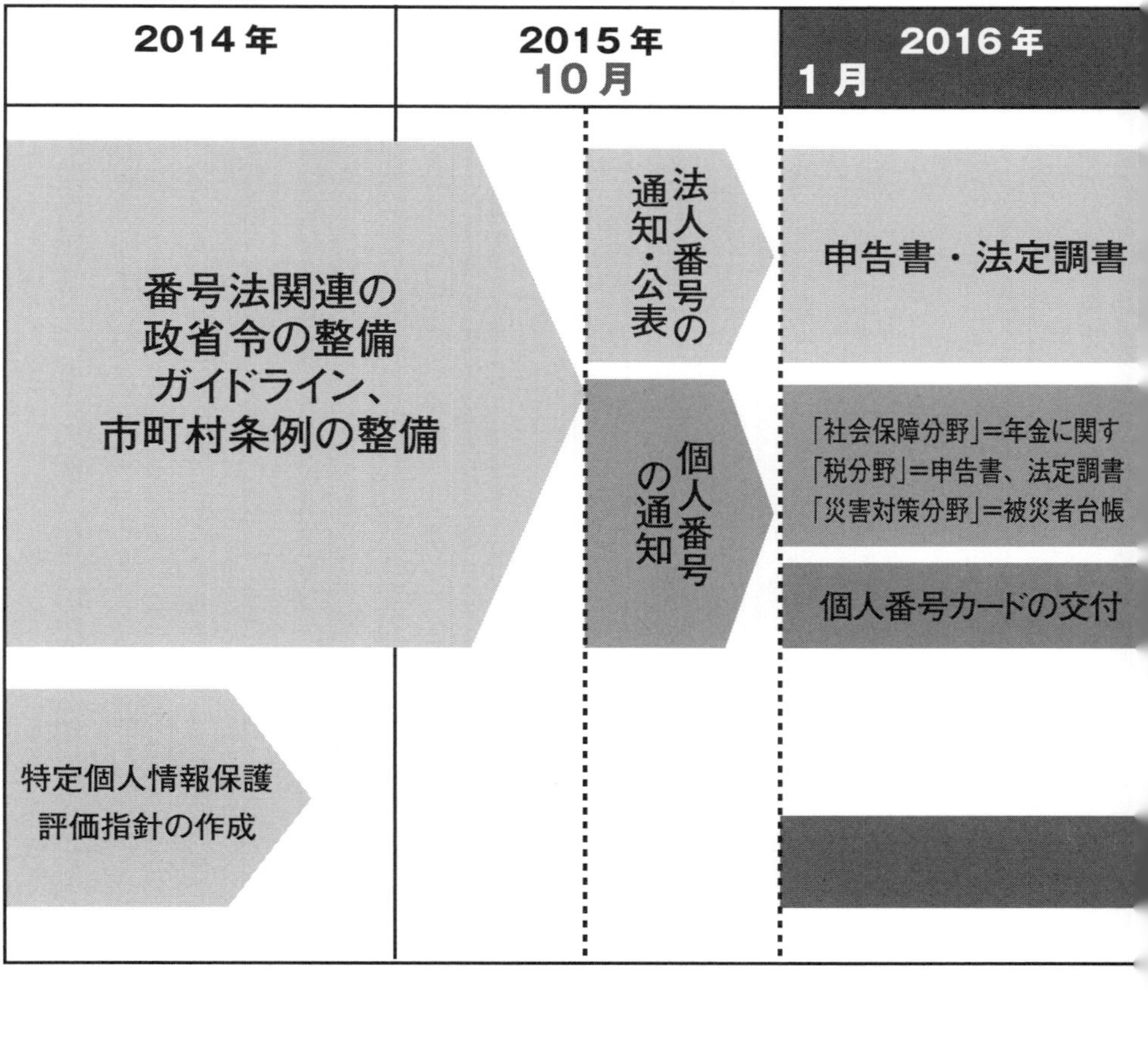

まず**来年2016年1月から個人番号を使った年金の照会、あるいは相談などができるようになる。また、災害時の要援護者リストへの個人番号の記載も始まる**だろう。

2年後の2017年1月からは、「マイナポータル」の運用がスタートする。これは、自分専用のインターネットサイトのことで、ここで自分の所得、年金情報を確認できる他、領収書など添付書類なしで確定申告ができるようになる。

また段階的にだが、同時期から児童手当、介護サービスなどを申請する際、やはり行政窓口において添付書類が不要になる。

そして**3年後の2018年、ここで一挙にマイナンバー制度の利用範囲が拡大する**だろう。なぜなら政府は、同年の10月をメドにマイナンバー制度の民間、医療分野への拡大を検討しているからだ。

民間分野での利用とは、たとえば住宅ローンを組む際に所得証明などの書類なしで、審査を受けられるようになると思われる。

また、医療分野においては2018年より特定健診、いわゆる「メタボ検診」の結果の個人番号での管理や、それを使った保健指導、あるいは幼少時に受けた予防接種の履歴をやはり個人番号で管理し、それを引っ越しの際などに各市町村に引き継ぐために利用することなどが検討されている。

さらに将来的には電子カルテを個人番号で管理するようになれば、どこの医療機関でも過去の病歴に沿った適切な治療を受けられるようになるかもしれない。これによって同時にムダな投薬などが減り、医療費抑制につなげることもできるだろう。

さらに、大きく、かつ、**この制度のキモとなるのが、個人番号を使った銀行口座の管理**だ。

実は２０１５年３月、まだ制度の運用も始まっていないにもかかわらず、早くも政府はマイナンバー制度拡大のための法改正案を閣議決定し、国会に提出した（衆院で可決されたが、参院では採決の当面先送りを決定）。

それによると、まずは任意となるが、**金融機関における新規口座開設の際、申請用紙に個人番号の記載が求められる**ことになる。また、まだまだ流動的な要素は多分にあるが、**麻生太郎財務相が「平成33（２０２１）年をメドに義務化」と述べているように、マイナンバーと口座のヒモづけは強化されていく**に違いない。

他にも不動産の登記簿や自動車登録の個人番号での管理、さらにはクレジットカード機能の追加などなど、お金が動くジャンルすべてにおいて、私たちの生活はマイナンバーと切っても切り離せない状況になっていくことが予想されている。

この国による資産の把握という大変革が、誰にどのような影響を及ぼすのか。これは第２章以降で詳しく論じていく。

3000億円という初期費用をムダにしないために

もちろん、マイナンバー制度はこれまでにないまったく新しいシステムだけに、さまざまな懸念があるのも事実だ。

そのなかでも最も心配されるのが情報漏えいだろう。およそネットというものが登場・発達してから現在に至るまで、情報の流出事件が後を絶たない。

もちろん政府は当たり前といえば当たり前だが、情報の分散管理や通信の暗号化などで、システム面における安全・安心を確保すると表明している。

とはいえ、ハッカーなどによるシステム侵入を100％防ぐ策などないし、カードに関係する個人情報を扱う関係者が悪事に手を染めないとも限らない。

また、カードを紛失、盗用されたとしても、名義人の所属、所得といった極めてプライベートな情報は他人には読み取られないとされているが、運転免許証や健康保険証、あるいはパスポートといったＩＤカードが悪用されているのも事実だ。

当然、政府も情報漏えいに対する罰則を強化。既存の個人情報保護法よりはるかに厳しい罰則を設けている。さらには「立入検査権」を有した第三者機関である「特定個人情報保護委員

止まらない情報漏えい事件（主なもの）

時期	法人・団体名	件数・人数	原因
2015年 6月	日本年金機構	125万件超	不正アクセス
2014年 7月	ベネッセ	2895万件	グループ会社 社員による 外部持ち出し
2013年 10月	アドビシステムズ	290万人	不正アクセス
2013年 5月	Yahoo! JAPAN	最大2200万件	不正アクセス
2010年 11月	サミーネットワークス	173万5841人	不正アクセス
2009年 4月	三菱UFJ証券	148万人以上	社員による 不正持ち出し
2007年 3月	大日本印刷	863万件以上	業務委託先の 元社員による 不正持ち出し
2006年 12月	日産自動車	538万人	不明
2006年 9月	富士ゼロックス システムサービス	400万件	協力会社社員 による 不正持ち出し
2006年 6月	KDDI	399万6789人	業務委託先の 社員による 不正持ち出し
2004年 1月	ソフトバンク	約452万人 （ソフトバンクBB）	ソフトバンク 社員であれば、 誰でも閲覧 できる状態で あったため。

会」を設立するなど、システム・制度の両面から、情報の管理を徹底しようとしている。

これらがどのように作用するかは未知数だ。

だが、とにかく初期費用だけで３０００億円が投入されるといわれているのだから、私たち納税者は、マイナンバー制度を（いつものように）他人事で済まし傍観するということだけは絶対に避けたい。そして、**うまく制度を利用して、賢い納税者になることこそがマイナンバー時代を生き抜くコツになる**こと、間違いないはずだ。これからその具体的な策を見ていくことにしよう。

マイナンバー制度で科せられる厳しい罰則

主体	行為	法定刑
情報連携や情報提供ネットワークシステムの運営に従事する者や従事していた者	情報連携や情報提供ネットワークシステムの業務に関して、知り得た秘密を洩らす、または盗用する	３年以下の懲役、または150万円以下の罰金（両方が適用されることもある）
国、地方公共団体、地方公共団体情報システム機構などの役職員	職権を乱用して、職務以外の目的で個人の秘密に属する特定個人情報が記録された文書などを収集	２年以下の懲役、または100万円以下の罰金
特定個人情報保護委員会の委員長、委員、事務局職員	職務上知ることのできた秘密を洩らす、または盗用する	２年以下の懲役、または100万円以下の罰金
個人番号利用事務、個人番号関係事務などに従事する者や従事していた者	正当な理由なく、業務で取り扱う個人の秘密が記録された特定個人情報ファイルを提供	４年以下の懲役、または200万円以下の罰金（両方が適用されることもある）
	業務に関して知り得たマイナンバーを自己や第三者の不正な利益を図る目的で提供する、または盗用する	３年以下の懲役または150万円以下の罰金（両方が適用されることもある）
主体の限定なし	人を欺き、暴行を加え、または脅迫することや財物の窃取、施設への侵入、不正アクセス行為などによりマイナンバーを取得	３年以下の懲役または150万円以下の罰金
	偽り、その他不正の手段により通知カード、または個人番号カードの交付を受けること	６カ月以下の懲役または50万円以下の罰金
特定個人情報の取扱いに関して法令違反のあった者	特定個人情報保護委員会の命令に違反	２年以下の懲役または50万円以下の罰金
特定個人情報保護委員会から報告や資料提出の求め、質問、立入検査を受けた者	虚偽の報告、虚偽の資料提出、答弁や検査の拒否、検査妨害など	１年以下の懲役または50万円以下の罰金

※このほか、国外犯に関する罰則や、両罰規定（法を犯した当事者とともに、所属する法人も罰すること）もある。
※内閣官房マイナンバー社会保障・税番号制度HPより作成

第2章

マイナンバー制度で「損」する人たち

マイナンバー制度に対して賛否両論の声があるのは事実だ。だが、果たして本当に誰にとってどんなメリット・デメリットがあるのか。これを突き詰めずに、観念的に是非を語っても意味がない。そこで、ここでは冷徹に制度の本質を見つめ、誰にどんなデメリットがあるのか、言い換えれば「マイナンバー制度で損する人たちは誰なのか」を見ていく。

「損」するポイント①
マイナンバー制度の本当のターゲットは誰だ？

マイナンバー制度導入の本当の目的

２０１６年１月から始まるマイナンバー制度は、当初は税金、年金についてのナンバーリングということになっているが、２０１８年からは、預貯金口座にもナンバーが振られることになっている。

当局がもっとも狙っているのは、この２０１８年から始まる預貯金のナンバーリングである。これは、第１章でも述べたように、現在のところ（２０１５年７月末）は預金者の告知は任意になっているが、義務化が検討されている。

預貯金にナンバーリングされ、預金者の告知義務が生じるようになると、国民の預貯金がすべて国家に把握されることになる。

これについて、警戒心を抱いている人も多いようである。

が、マイナンバー制度の目的は何か、誰が得をし誰が損をするのか、ということをくれぐれも冷静に考えてほしいと思う。

筆者はこれまで自分の著書（『税金を払う奴はバカ！』ビジネス社など）のなかで、日本の税制がいかに不公平で、富裕層が有利になっているのかを論じてきた。また税務当局に批判的なことも散々述べてきた。

が、今回のマイナンバー制度に関する限り、筆者は評価している。

マイナンバー制度は世の中のためになる、ということだ。

マイナンバー制度が導入される最大の目的というのは、「富裕層に対する課税強化」である。それに関しては、嘘偽りはない。

国税や財務省の官僚たちも、実は「富裕層の税金が安い」「今の日本の税制が不公平」ということは、わかっている。

そして、それを良しとしているわけではない。

多くの官僚たちは、どうにかして富裕層の課税を強化したいと考えている。が、政治がらみのさまざまな事情で、その思いとは逆のことをせざるを得なかったのである。

彼らも本音を言えば、富裕層からもっと税金を取るべきと思っているのだ。

だから、マイナンバー制度というものは、税務官僚にとっては悲願なのである。

富裕層の課税を強化する場合に、最も重要なことは、彼らの収入や資産をきっちり把握することである。あまねく公平に税金を課すには、それが一番重要なことだからだ。

しかし、富裕層の収入や資産というのは、複雑、かつ多岐にわたっていることが多い。複数の会社から報酬を得ていたり、さまざまなところに投資を行ったり、不動産収入があったりする。それを一つひとつ確認するには大変な作業を要する。現行では、それを完全にやり遂げるのは不可能なのだ。

そこで、マイナンバー制度を導入しようということになったのである。

これと逆のことをいえば、富裕層以外の層、つまり中間層以下の人たちの収入や資産というのは、非常に単純だということだ。ほとんどの人にとっての収入は、単一の会社から給料をもらっているだけであり、資産もそれほど多岐にわたっていることはない。

つまり、中間層以下の人たちの収入、資産については、今でも十分に、当局は把握できているのだ。

やはり、マイナンバー制度のターゲットというのは、間違いなく富裕層なのである。

あなたは国家に財産を把握されて困ることがありますか？

「マイナンバー制度が導入されれば、収入や財産がすべて国家に監視される」などと吹聴するマスメディアなどがある。

そう言われると、何か非常に窮屈な「監視国家」になっていくようなイメージがある。が、冷静に考えてほしい。

「あなたの財産を国家に監視されて、困ることが何かあるのだろうか？」

ということである。

真面目なサラリーマン、真面目に生きている人にとって、困ることなど何もないはずである。

というより、すでにサラリーマンのほとんどは、国に収入のほとんどが把握されている。ということは、その収入のなかから得る資産なども、間接的に把握されているわけである。

またもし、あなたのへそくりの銀行預金が国家に把握されてしまったとする。それであなたは困ることはあるだろうか？

まったくないはずだ。

はっきり言おう。

マイナンバー制度の導入で、当局が狙いを定めているのは、あなたではない。あなたのような真面目な人が、損をしないような仕組みをつくること。それが、マイナンバー制度導入の意図なのである。

にもかかわらず、本当はマイナンバー制度で得をするはずの人たちが、マイナンバー制度に警戒感を抱いているのだ。

それが、マイナンバー制度導入の大きな弊害になってきたのである。

第1章でも触れたように、マイナンバー制度が導入される前には、「グリーンカード」や「国民総背番号制」といった類似のシステムが導入されようとしてきた。

しかし、これまではことごとく世論の反対によってつぶされてきたのである。

そして、**反対してきた人というのが、実は、本当は制度導入によるメリットを享受するはずの人たちだった**のである。メリットを享受できるはずなのに、その仕組みをよく知らずに、猜疑心だけを抱いて反対してきたのだ。

筆者が懇意にしている市民活動家の方などにも、「マイナンバー制度は、中間層の収入や資産を管理するのが目的であり、富裕層の課税強化にはつながらない」と言って、マイナンバー制度に反対している人もいる。

しかし、何を根拠にそのようなことを言われているのか、筆者はまったく理解できない。おそらく、きちんとしたデータに基づいて言っているのではなく、「国のやることは信用できない」という先入観によって、このような思考に陥っているのだろう。

が、**冷静にマイナンバー制度の仕組みを見ていけば、中間層で真面目に生きている人で、マイナンバー制度が導入されて困る人など一人もいない**はずである。今の中間層の収入はちゃんと国に把握されているし、しかも、国家にバレて困るような資産を持っている人など、まずいないはずだ。

前述したように、中間層以下の収入というのは、現在でも税務当局はほとんど把握しているのだから、彼らの収入を新たに発見しようと思ってマイナンバー制度を導入するわけでは決してない。

筆者はこのことについて声を大にしていいたい。

マイナンバー制度はあなたを助けるために導入されるものなのだ、と。

マイナンバー制度は防犯カメラのようなもの

マイナンバー制度の「預貯金ナンバーリング」には、反対する有識者も多い。

たとえば、日本弁護士連合会の情報問題対策委員会・坂本団《まどか》委員長は、衆議院内閣委員会で次のように意見陳述している。

「いくら口座にマイナンバーをひも付けても、脱税する人はその前提で手口を考えるため、悪質な脱税はなくならない。また富裕層の海外資産移転がさらにすすむだろう。結局、真面目に納税している人への徴税強化にほかならない」

しかし、これは、税務の現場についてまったく現実感のない意見だといえる。

確かに、**悪質な脱税者というのは、当局に口座が把握されれば、別の方法で脱税を考えるだろう。**本気になって脱税をしようと考えているものに対しては、マイナンバー制度はあまり効果がないはずである。

が、本当に悪質な脱税者というのは、実はそれほど多くはない。

世の中の脱税のほとんどは、「本気になって脱税をしよう」というものではなく、「なんか脱税できるみたいだから脱税してみよう」というタイプなのである。つまり、脱税というのは「この辺は警察があまりいないから、スピード出してもいいや」というような気持ちで行われるものが、ほとんどなのだ。

この手の脱税者に対して、マイナンバー制度は絶大な効果を発揮する。

たとえば、これまで、軽い気持ちで相続税対策のために家族名義の口座などに資産を細目に移していた人が、それをしなくなる。複数の会社から給料をもらっているのに、１社分の社会保険料しか払っていなかった人が、きちんと支払うようになる。

そして、それだけのことで、税収はかなり違ってくるのだ。

つまり、**マイナンバー制度というのは、防犯カメラのようなもの**なのである。

防犯カメラが設置されている地域、場所では犯罪は少なくなる。もちろん、時折生じる本当に凶悪な犯罪というのは、それで防げるものではない。

が、ちょっとしたイザコザや軽い犯罪などが発生するか否かは、防犯カメラがあるのとないのとでは、全然違ってくるはずだ。そして、それがあるのとないのとでは、街の治安がまったく変わってくるのである。

また、先ほど紹介した日本弁護士連合会の情報問題対策委員会・坂本氏の「真面目に納税している人への徴税強化にほかならない」という言葉も、まったく実体がともなっていない。ただの言葉遊びだといえる。

前述したように、「真面目に納税している人」にとっては、マイナンバー制度が導入されたからといって、何も変わらないからである。真面目に生活している人にとって、防犯カメラが設置されたからといって、生活が変わることは何もないはずだ。マイナンバー制度の導入で、新たに納税が生じる人というのは、今まで真面目に納税していなかった人なのである。

「損」するポイント②

金持ちの隠れ財産から危ないカネまで一網打尽に！

収入や資産を隠している富裕層がもっとも損をする

ここまで見てきたように、真面目に働くサラリーマンや自営業者といったごくごく一般的な国民は、マイナンバー制度などまったく恐れる必要はない。反対に真面目に納税していない人、ズルをしてきた人を一網打尽にする、これこそがこの制度最大のキモなのだ。

ではどういう人が損をするのか、それについて、これから具体的に説明していきたい。

マイナンバーで損をする人というのは、簡単にいえば

・多額の収入や多額の資産がある人
・不正な収入を得ている人

である。

何度か触れてきたが、多額の収入や資産がある人について、その収入や資産をきっちり把握したい、というのが、マイナンバー制度の最大の目的である。

富裕層というのは、収入や資産が複雑である。複数の会社から報酬を得たり、会社役員をしながら個人で事業を行ったり、投資を行ったりしていることが多々あるからだ。

そういう複雑な収入は、本人が意図して隠そうとしていなくても、税務当局が把握できていない場合もままある。そして、そういう収入の一部に税務申告漏れが生じたり、相続税資産の計上漏れが生じたりすることもよくあるのだ。

もちろん、富裕層のなかには、収入や資産をあえて隠そうとしている人もいる。収入の一部を、簿外の預貯金口座や他人名義の口座に振り込ませて、申告していなかったり、あるいは、自分の資産を家族名義の預金口座に分散したりして、相続税を逃れようとするといった具合である。

しかし、マイナンバー制度を導入することにより、富裕層のそういう「隠し資産」が明るみに出るのだ。

また、制度導入による「抑止効果」も見込まれる。

たとえば、自分の資産を家族に分散しようと思っていた人が、「どうせ税務当局に見つかるのだからやめておこう」と考え直すといったように、悪事を未然に防げる可能性が高まるのだ。

つまり、**マイナンバー制度というのは、「富裕層の脱税を見つける」とともに、「富裕層の不正を防止する」という機能もある**ということである。

黒いカネの流れも明らかに

マイナンバー制度導入によって、かなり損するはずなのが暴力団関係者である。

「暴力団など、税金なんて払っていないだろう」と思っている人も多いだろう。

暴力団の活動収入には2種類がある。一つは非合法の事業の収益、もう一つは下部組織からの上納金である。

非合法事業については、税務署はまずタッチできないので、ほぼ100％脱税状態といえる。税法の趣旨からいうならば、麻薬の密売で得た利益であろうが、ミカジメ料（縄張り内にある飲食店などから取る用心棒代）であろうが、収入があるならばもれなく税金を納めなくてはならない。

しかし、税務署がいきなりヤクザのところへ行って、「あなた、今年は覚醒剤の売上収入が1億円ありましたので、4000万円税金を払ってください」とはいえない。そもそも、犯罪行為を発見することが、税務署には難しいからだ。

では上納金は課税されているのか？

答えは、限りなくノーに近い。

上納金というのは、これまで課税されたことがほとんどなかった。

なぜかというと、**上納金というのは「任意団体の会費」というような扱いをされてきたのだ。**

「任意団体の会費」というのは、たとえば町内会の会費のようなものである。町内会の会費というのは、町内会で必要な経費を賄うために集められるものであり、課税の対象にはならない。ある団体が、会員に対して、会費を徴収した場合、その会費がその団体のために使われているのであれば、課税はできないのである。

暴力団の上納金も、税制上はそれと同じようなものとされてきたのだ。つまり、**上納金による収入があっても、「それは団体のために使った」と言われれば、税金を課すことができなかったのだ。**

しかし暴力団の上納金が、そういう「任意団体の会費」とは違う性質のものだということは、税務当局もわかっていたことである。**暴力団の上納金というのは、上層部の収入になっていたことは間違いないことであるし、税務上も「任意団体の会費」というより、「本社のロイヤリティー」のような性質があるはず**なのだ。

それが、**なぜ今まで暴力団の上納金には税金が課せられなかったのか、というとお金の流れがはっきりしていなかったから**なのだ。

税金を課すためには、お金が誰に渡ったのか、そしてそのお金を得た者が、個人的に費消したということが判明して初めて課税をすることができる。だから、そこまで調べない限りは、暴力団の上納金に課税をすることはできないのだ。

たとえば、２０１５年６月に以下のような脱税に関するニュースが流れた。

工藤会トップら逮捕　９千万円、脱税容疑

傘下の暴力団組員から集めた上納金約２億２千万円を隠し、所得税約８８００万円を脱税したとして、福岡県警は16日、所得税法違反の疑いで特定危険指定暴力団工藤会（北九州市）総裁のＡ容疑者＝殺人罪などで起訴＝ら幹部４人を逮捕した。県警によると、暴力団の上納金を個人所得ととらえ、脱税で摘発するのは全国初。県警は福岡地検や国税庁と合同で組織の存続基盤である資金の流れに捜査のメスを入れ、工藤会の犯罪収益の実態解明を進める。

他に逮捕されたのは、工藤会幹部Ｂ▽工藤会系組幹部Ｃ▽同Ｄの３容疑者。県警は同日、A容疑者やB容疑者の自宅など関係先を家宅捜索した。

逮捕容疑は2010年から13年までの間、工藤会が傘下の組員から運営費目的で集めた上納金のうち、A容疑者の個人所得に当たる約2億2700万円を隠し、所得税約8800万円を脱税した疑い。C容疑者は、このうちの11年～13年に脱税に関わった疑いがある。県警は4人の認否を明らかにしていない。

県警によると、B容疑者ら3人は、組織の「金庫番」としてA容疑者関連の預金口座の管理に関わっていたという。県警はこれらの預金口座などを差し押さえ、現金の出入りを福岡地検、国税当局と合同で調査。確認できた未申告分をA容疑者の個人所得と判断し、立件に踏み切った。

上納金は、飲食店などから回収したみかじめ料や覚せい剤の密売など犯罪収益が主。捜査関係者によると、工藤会は組織内の地位に基づき、組員1人から月数万円～数十万円を徴収しているとされる。（以下略）

（2015年6月16日『西日本新聞』、一部改変）

この事件は、暴力団の上納金を「収入」とみなして、それを申告していないとして、脱税での摘発に踏み切ったものである。

暴力団の上納金というのは、今に始まったものではない。暴力団ができた当初から上納金のようなものはあったはずで、江戸時代、やくざ、博徒などのときからも似たようなものはあったと思われる。

が、これまでほとんど上納金には税金は課せられてこなかった。

それは先ほど述べたように、「団体の活動費に使った」と言われれば、課税できなかったからだ。

しかし、この工藤会の件は、警察と税務当局が協働して、徹底的に工藤会周辺の金の流れを洗い出し、資金の流れを解明したので、上納金を個人所得の脱税容疑で摘発することができた、ということなのだ。

マイナンバー制度が導入されれば、今回のような警察と税務当局の作業が非常に簡素化され、よりスピーディーになると考えられる。

〝夜の世界〟は絶好のターゲット

マイナンバー制度の導入、そして預貯金口座のナンバーリングによって、脱税が非常にしにくなる。繰り返しになるが、それが税務当局の最大の狙い目でもある。

特に脱税を常習としていた悪質な飲食店、水商売の経営者などは、大きなダメージをこうむることが予想されている。

飲食業界、水商売は、脱税が最もしやすい業界である。税務当局からは、必ずなんらかの脱税をしている、とも見られてきた。

というのは、飲食業は、脱税が成立しやすい要件をもっとも満たしているからだ。

脱税の成立しやすい要件とは、

・領収書の発行がいらないこと
・客が不特定多数であること
・仕入と売上に厳密な関連性がないこと

である。

領収書を発行するということは、自らの収入の記録を外に発信するということである。自分の収入のほとんどに領収書を発行する業種では、収入を隠すことは難しい。しかし、**飲食業では、領収書を発行することはあまりないので、自分の経営する店の収入を外部に知られること**

はめったにないのだ。

また特定の客を相手に商売する業種であれば、税務署としては収入を把握しやすい。たとえば、卸売業などは顧客が限られているので、税務署は調査がしやすいのだ。

しかし、客が不特定多数であれば、税務署としては、顧客を調査することは不可能に近い。いや、実際できることはできるが、ほんの一部の対象しか調査できない。

以上の2点については、小売業全般にいえる「脱税有利条件」である。飲食店は、さらにもう一つ有利な条件を持っている。飲食店は仕入れたものを、その店で調理し変形させて販売する業態なので、仕入と売上に厳密な関連性がない。

これは、脱税をする場合、非常に有利な条件となる。他の小売業ならば、税務署が仕入の量を把握すれば、だいたいの売上が把握できる。

しかし、飲食店の場合は、仕入を把握したからといって、売上数量には、直結しないのである（概算することはできるが）。特に、仕入れたものの、何倍もの値段をつけて販売する高級料理店や水商売では、仕入れ数から売上を推測するのは困難となる。

これらの有利な要件を備えているため、飲食業界、水商売の脱税は非常に多い。

脱税の手口も、手の込んだものではなく、単純に売上を除外するものであることが多いようだ（この方法が、実はもっとも見つかりにくい）。

税務署が、飲食店、水商売の脱税を把握する有力な方法は、今のところ内偵調査で客として入り、店の収入状況を把握するという古典的な方法しかないといえる。

しかし1年中その店を監視するわけにはいかないので、部分的な不正を見つけて、それを元に推計で脱税額を算出するしかない。その場合は、はっきりした証拠がないので、税務署としてもそう強く出られるものではない。1日分の脱税額を調べただけで、年間の脱税額を主張することは非常に難しいのだ。

が、マイナンバー制度が導入されれば、その悪弊がかなり改善されるのである。

飲食店や水商売の経営者たちも、脱税して得たお金をどこかの金融機関に預けているのが普通である。現金で保管するには不便だし、危険だからだ。そして、金融機関に保管していれば、マイナンバー制度導入によって、税務当局によって口座内容が把握される可能性が高くなる。

そのため、脱税がしにくくなるはずなのだ。

もちろん、本気で脱税しようと思う者は、現金で保管することもあるだろう。が、そこまでして脱税をする人は、実はそれほど多くはない。手間もかかるし、そのようなリスクを背負ってまで脱税のメリットがあるかといえば、そうでもないからだ。

現金で持ち歩いて誰かに盗まれたりすれば元も子もないし、普通に納税していたほうが得である。ほとんどの脱税者は、脱税がしやすい状況にいるから脱税をしてしまうのであり、脱税がしにくくなればやらないというケースが多いのだ。

さらに悪質な〝大人の遊び場〟に迫る危機

風俗店経営者などもマイナンバー制度が導入されれば、非常に損をすることになる。

風俗業界は、飲食、水商売以上の脱税常態業種だといえる。

というのも、風俗業は、飲食、水商売よりもさらに脱税をしやすい条件を備えている。

風俗業は、飲食、水商売が持っている3つの脱税条件、つまり

- **領収書の発行があまりいらないこと**
- **客は不特定多数であること**
- **仕入と売上に厳密な関連性がないこと**

をいずれもクリアしている。

さらに、この3つの他にも脱税をしやすい条件を持っている。

それは、「実質的な経営者が誰だか、なかなかわからない」ということである。

風俗業界には怪しい経営者が多い。そして**風俗店というのは経営実態が非常に複雑で、実際に誰が経営しているのか、なかなかつかむことはできない。**

その店の店員や店長でさえ、実質的な経営者が誰なのか、わからないということも稀ではないのだ。そのため、「あの店は税金を納めていない」ということがたとえわかったとしても、税務当局にしてみると誰を追及すればよいのかわからない、ということになってしまう。

だから、税金の申告をまったくしていないという業者も珍しくないのだ。もちろん「ぼったくり風俗業者」などが、税金の申告などしていないことはいうまでもない。

また風俗というのは、経営者が代わることも多いし、改廃業も激しい業界だ。税務当局がやっと経営者をつきとめたときには、店がなくなってしまっていた、ということも珍しくないのだ。

元々、収入がわかりにくい上に、その収入を得ている人が誰だかわからないという状況が生じているため、脱税を非常にしやすい状況になっているのだ。

また、風俗店に勤める従業員たちの税金も、脱税されていることが多い。

風俗店にも、従業員に対しては源泉徴収の義務がある。しかし、**店自体が税金を納めていない、税務申告をしていない場合は、当然、源泉徴収をしているはずがない。**

また経営者がはっきりしていて、しかも適正な税務申告をしている場合であっても、従業員からの源泉徴収が適正になされていないケースが多い。風俗店の従業員、風俗嬢などは源泉徴収をされるのを非常に嫌がるので、店のほうもあの手この手を使って源泉徴収をしないでいいようにしているのだ。

もっとも**オーソドックスな方法は、風俗店の従業員の給料を、源泉徴収税のかからない額に見せかける**というものだ。源泉徴収税というのは、日雇い従業員に対しては、日給9299円まではかからないことになっている。この制度を利用して、日給が9299円以内に収まっていることにして、源泉税を徴収しないのだ。

風俗店の従業員は本来、長期のパート従業員であり、日雇い扱いにすることはできない。しかし、風俗店の従業員というのは入れ替わりが激しく、同じ店に長期間在籍する人は稀だ。そのため短期のパート勤務ということにしていても、なんら不思議はなく、店側はいくらでも言い訳ができるのだ。

また風俗店の従業員で日給が9299円以内ということは、ほとんどあり得ないことだが、店側は一人に支払った報酬を複数人に支払ったことに仮装するなどして、課税を逃れていることも多いのだ。

税務当局も調査などの際に、「これは臭いなあ」と感じることも多い。しかし、風俗店の従業員というのは、居場所がすぐに不明となりがちなので、確認のしようがない。

しかし、マイナンバー制度が導入されれば、こういった状況がかなり改善される。税務当局が、国民の銀行預金を全部把握することができれば、誰がどのくらいお金をもらっているのかが、判然としてくる。**店から出ていくお金の流れがわかるようになるので、店の売上を最終的に手にする人、つまり実質的経営者が誰かということが判明しやすくなる**のだ。

また従業員がすぐにやめてしまったとしても、その従業員の金融資産を税務当局が把握できるようになれば、その従業員に直接課税することができるのである。

もちろん口座を通さず現金でやりとりをしたり、あるいは現金をそのまま自宅などで保管をしたりしていれば、マイナンバー制度を導入してもあまり意味はない。

が、前にも指摘した通り、多額のお金のやりとりを現金で行うことは、非常に危険であり手間もかかる。だから、今までのうのうと脱税できていた風俗業者たちが、「脱税がやりにくくなる」という状況は、確実につくれるのである。

「損」するポイント③
「濡れ手で粟」はもはや通用しなくなる！

公益法人のお偉いさん方も狙われる！

公益法人の理事長や役員なども、マイナンバー制度導入で損をする可能性が高い。

公益法人というのも実は、非常に脱税がしやすいのである。

というのは、**公益法人の場合、収益事業を行っていなければ、税務署の調査を定期的に受けることがあまりない**からだ。そして事実、公益法人のほとんどは「収益事業」を行っていない。

つまり、**法人税は収益事業にしかかからないので、法人としては税務署の調査対象にはまずならない**のだ。

ただし、収益事業を行っていないといっても、その公益法人に収入がない、ということではない。公益法人の多くは、公的機関からの補助金収入を得たり、検査費などの名目で一般市民から収入を得たりしている。が、その事業に「公益性がある」ということであれば、収益事業にならず、法人税がかからないのだ。

法人として税務調査を受けないということは、税務署は公益法人の経理状況は把握できないということになる。ということは、**公益法人内のお金を、役員などが個人的に使い込んだり、勝手に自分の資産としてしまったりしても、税務署はなかなか発見することができない**のだ。

たとえば、公益法人の名義で高級車を買って、役員などが個人的に乗り回していたとする。また役員などが、公益法人のお金を散々、遊興費に使ったとする。民間の会社でもそういうケースはときどきあるが、大方の場合、税務署から指摘されることになる。

しかし、**公益法人の場合は、よほど派手にやって、内部告発されたりしない限りは、税務署が気づくことはない**のだ。

公益法人の会計に関しては、県や市町村などから、時折検査などが行われることもある。しかし、それらの検査は、儀礼的なものであり、税務調査のような厳しい追及はまったくないといっていい。**公益法人で多額の使途不明金があったという事件が、ときどきニュース報道されるが、あれらは氷山の一角に過ぎない**といえる。

こういった「公益法人天国」ともいえる状況も、マイナンバー制度の導入により改善されることになる。

公益法人の役員の金融資産などを税務当局が把握できるようになれば、彼らが勝手に公益法人からお金を引き出したとしても、それが判明するようになるからだ。

痛手を食らう不透明なネット業者

マイナンバー制度が導入されると、ネットの通販業者なども損をする人が大勢出てくるはずだ。

ネットの通販業者には、闇で荒稼ぎしている者も多い。またサラリーマンが、副業でネット事業をするケースも多い。

これらのネットでの事業は、脱税が横行しているというのが、以前から税務関係者の間では、指摘されていた。ネット事業では、脱税が成立しやすい要素を満たしているのだ。すなわち、

- **不特定多数の客を相手に商売をしていること**
- **事業の概要がわかりにくいこと**
- **事業者を特定しにくいこと**

といった条件である。

ネット事業では、誰が客なのか、外部からはほとんどわからない。またネット取引においては、1回限りの取引が多いので、脱税取引を把握することが難しいのだ。

また、ネット事業の世界では、どんな業者が繁盛しているのか、外部からは、なかなかわからない。通常のビジネスならば、店舗などに行ってみれば繁盛具合がわかる。

しかし、ネット事業の場合、集客についてはアクセス状況などでしか判断ができないし、そもそもアクセスを公開していない事業者もいるので、そのサイトを見ただけでは、繁盛しているかどうかはほとんどわからないのが現実なのだ。

さらに、ネット事業者は、匿名でビジネスをすることもできる。そのため、脱税取引を把握しても、誰が本当に携わっているのかわからない、というケースもある。

これらの状況から、ネット事業は、脱税天国だともされているのだ。

ネットビジネスの脱税の手口としては、まったく申告をしないということのほかに、入金方法をいくつも使って、そのうちのどれかからの収入を抜く、というものがある。

たとえば、クレジットカード、銀行振込、郵便為替、代金引換などの決済を使っている場合、そのうちの郵便為替での収入を抜いてしまうのだ。悪質業者などでは、銀行振込に、仮名口座や他人名義の口座を使っている場合も多い。

これらの悪質がネット業者たちは、マイナンバー制度の導入によって一掃することも可能なのである。

ネットの取引というのは、たいていの場合、クレジットカードや銀行振込が使われる。だから、税務当局が彼らの金融資産をしっかり監視しておけば、これらの取引はほぼ全容がわかるのである。

また**悪質ネット業者が使っている他人名義の銀行口座なども、マイナンバー制度の導入により、銀行口座の持ち主が特定されることで、税務当局に摘発される可能性が高くなる。**

サラリーマンなどが、副業としてネットで何かの事業をしていて、その収入は無申告になっているケースも多い。これは、「どうせわからないだろう」と思って、申告していないのである。が、そういう無申告者たちも、マイナンバー制度の導入によって、申告をせざるを得なくなるはずだ。

あなたがもし「パチンコ業界」にいたら……

マイナンバー制度が導入されれば、パチンコ業界もかなり損をすると思われる。

パチンコ業界は〝脱税常習業種〟であり業界のなかに「脱税の文化がある」とさえいえる。

常に国税庁が発表する脱税白書のランキングの上位に位置し、脱税に対して罪悪感を抱いていない業界だともいわれている。

そんなパチンコ業界だけに、飲食店と同様の脱税しやすい条件を持っている。

・領収書の発行がいらないこと

・客は不特定多数であること

・仕入と売上に厳密な関連性がないこと

といった点である。

税務署が「売上を抜いていないかどうか」を確かめる場合、もっとも確実な方法は、「誰にどれだけ売ったか」ということを客の側から確認することだ。しかし客が不特定多数であれば、「誰にどれだけ売ったか」ということがわからない。

また、パチンコ屋には「仕入がない」ということも脱税をしやすい要因になっている。

普通の商売というのは売上には仕入がある。だから、もし売上を抜いていても、税務署が事業者の仕入を調べれば、だいたいの売上がわかる。しかし、パチンコの場合、玉を売るだけであり、その玉は店のなかで循環するものなので、玉の数を数えたところで売上がどのくらいあるかはわからない。

これらの条件のため、パチンコ業界というのは、非常に脱税をしやすいのだ。

またパチンコ業界というのは、これらの有利な条件に加え、脱税に関して、まったく罪の意識がないともいえる。

たとえば、プリペイドカード導入の際、パチンコ業は業界をあげて抵抗したことがある。通常、プリペイドカードにすれば、客の利便性も上がり、新たな需要拡大にも結びつくので、業界が反対することはない。なのに、導入に反対するということは、まさに「自分たちは脱税をしています」といっているようなものだったのだ。

どういうことか。

実は**プリペイドカード導入以前、パチンコ店は売上の一部分を抜き取るというだけの単純な方法で脱税をしていた。**この方法に対して、国税当局は内偵調査などを行って、そのパチンコ店の繁盛具合を確かめたり、客として打ち込んだお金が、きちんと売上に反映されているかなどを確認したりすることでしか、その内実を知ることはできなかった。

このようなやり方では、脱税の全容をつかむことなど、とてもおぼつかない。

そこで、税務当局は警察と組んで、パチンコ業界にプリペイドカードの導入をさせようとした。**プリペイドカードを導入すれば、カードの売上を調べれば店ごとのだいたいの収入がわかるので、パチンコ業界の収入をガラス張りにできる**と試みたわけだ。

しかし、このときパチンコ業界は前述のように、あらゆる方法を駆使して、プリペイドカード導入に激しく抵抗した。

その後すったもんだの末、プリペイドカードは導入されたが、パチンコ業界が脱税を諦めることはなかった。パチンコの機械のなかに、脱税するための操作機能を組み込むなど、ハイテク化した脱税方法を考え出したのだ。具体的にいうと、**パチンコの売上を記録する装置が、本当の売上金額と、税務署に申告するための売上金額（実際よりかなり低い額）の両方を記録できるようになっていた**のだ。

つまり、**パチンコ台そのものが、二重帳簿をつくり、売上を誤魔化す機械となっていた**のである。もちろん、これはパチンコ店1店だけで、できるような脱税システムではない。業界を挙げて協力してこそできる脱税方法なのだ。

税務署は、この脱税方法はすでに把握しているが、パチンコ業界も、また新たなハイテク脱税を考え出していると見られている。

マイナンバー制度の導入によって、彼らの脱税がかなりの部分、防止できると考えられる。パチンコ店のように多額の現金を取り扱う業種では、現金を自分で保管することは難しく、金融機関を使わざるを得ない。そうなると**税務当局は金融口座を抑えることで、パチンコ店の売上の全貌を解明することができる。**

またパチンコ店は、脱税マネーを、経営者の家族名義、知人名義、他人名義などで保管していることも多い。これらの**隠し金を発見することも、マイナンバー制度の導入により容易になる**のだ。

「損」するポイント④

「自分だけは大丈夫」に待ち受ける落とし穴

複数の会社から給料をもらっている人は要注意

複数の会社から給料や報酬を得ている人がいる。

たとえば、ある会社の社員が、別の会社で顧問をしているなどというケースである。大企業の役員クラスとなると、そういうことをしている人も多い。天下り官僚なども、複数の会社に顧問クラスで籍を置いていることがよくある。

また自分で会社を経営している人が、自分の会社をいくつか分社化したり、新しい会社を興したりすることはままある。そういう場合、その経営者は、いくつかの会社の役員となることも多い。

さらには、「週末起業」で会社を興し小遣い稼ぎに余念のないサラリーマン、あるいは、水商売、肉体労働、ちょっとしたパソコン仕事など、バイトであれ何であれ、会社に所属して給料をもらっている人もいるだろう。

このように、**複数の会社から給料を得るということはよくあることだが、実はそういう人たちにとって、マイナンバー制度の導入によって、損をすることになるケースが多くなる**と思われる。

というのも、こうした人たちの場合、1社からの給料だけで社会保険などの手続きを行い、他の給料や報酬は、社会保険の対象外となっているパターンが多く見られるのだ。

たとえば、A社から500万円、B社から300万円、C社から200万円の報酬を得ている人がいるとする。

この人は、A社で社会保険に加入しているが、B社、C社では社会保険には加入していない。となると、この人の社会保険は、500万円の収入を元にして計算される。この人は本当は、A社、B社、C社の合計で1000万円の収入があるのに、社会保険料は500万円の収入分しか払っていないのだ。

これは、実は社会保険制度の欠陥でもある。

現在の社会保険制度は、複数の会社から給料をもらっていても、1社で社会保険に加入していれば、手続き的にはそれで済んでしまう。本来、複数の会社から給料をもらっている場合は、それを合算した上で社会保険料の額を計算し、それを各会社からの報酬で按分して算出しなければならない。

が、それをスムーズに行うための仕組みが整っていないのである。だから結果として、知らず知らずのうちに「違法状態」になっている人も多いのだ。

マイナンバー制度が導入されれば、各人の報酬額が明確になるため、社会保険料のスムーズな徴収につながると考えられる。

ちなみに、複数の会社から報酬をもらっている人の税金はどうなっているのか？

税金に関していえば、社会保険に比べれば違法状態は少ないといえる。複数の会社から報酬をもらっている人には、確定申告が義務付けられており、各会社から報酬の支払い状況が、税務署に報告されているからである。

富裕層に待ち受ける「資産フライト」の思わぬトラップ

最近では、金持ちのなかには、海外に資産を持ち出して、相続税などを逃れようとする人も多い。この対策においても、マイナンバー制度は役に立つのだ。

逆にいえば、**海外に資産を持ち出そうとしている人は、マイナンバー制度導入で損をする**ということになる。

海外というのは、国内に比べれば取引内容はもとより、財産そのものも隠しやすい。

無論、国内の取引であれば、税務署は調べようと思えば、すぐに調べられる。しかし海外となるとそうはいかない。

海外の資産を、日本の税務署が調べようとすれば、非常に煩雑な手続きを要する。租税条約を結んでいる国に対しては、お互い調査ができる取り決めになってはいるが、それをするためには一定の手続きを踏まなければならない。

また現地に赴いて調査しようにも、税務署も調査費に限りがあるので、そうそう海外に行けるものではない。

なので、金持ちは海外へと資産をフライトさせ、脱税をするようになったのだ。

しかし、**マイナンバー制度を導入すれば、海外に資産を持ち出す前段階で、その人の資産を把握することができる。**

たとえば、多額のお金を引き出して海外に持ち出そうとした場合、お金を引き出した時点で、税務当局は「●●氏が、預金から多額のお金を引き出した」ということを把握することができる。当然、税務当局はその人をマークすることになるし、海外持ち出しが発覚するということにもつながる。

またマイナンバー制度とは別に、２０１３年末からは、「国外財産調書制度」もスタートしている。これは海外に5000万円超の資産を保有する場合、税務署に申告しなければならない、というものである。もし違反すれば、懲役刑もある。

さらに、2015年7月からは「出国税」も始まった。これは、1億円以上の株式などの金融資産を保有している人を対象に、国外へ移住する際に、その時点で「株式を譲渡した」と見なし、その含み益に課税するという制度のこと。もちろん狙いは、多額の資産を含み益に税金がかからない海外に移転させようとたくらむ富裕層の懐だ。

このように、マイナンバー制度で国内の財産を把握し、国外財産調書制度で海外の財産を把握し、出国税でそのフライトを水際で阻止する。つまり、**マイナンバー制度と国外財産調書制度、そして出国税は、海外を使った脱税を防止する両輪**といえるのだ。

ケチな会社も処罰の対象に！

ここまで見てきたような「マイナンバー＝個人番号」のほかに、法人に対して振られる13ケタの「法人番号」の通知も始まる。さて、これは一体何に対する効果があるのか。まずはデータを見てみよう

実は現在、厚生年金が適用される事業所の数は、日本年金機構によると全国で約180万社

あるとされる。

一方、源泉徴収している法人の数は、厚生労働省によると２５０万社。つまり、その差は70万社に上る。また、年末調整を行った人の数から厚生年金の被保険者の数を引くと、６９０万人もの差が出るという。

この差が物語ること、それは**相当数の法人が社会保険に未加盟の可能性がある**ということなのだ。

本来社会保険は法人、あるいは従業員5名以上の個人事務所は原則加入の義務がある。

そこで、**法人番号を使って給与から所得税を源泉徴収しているのに、社会保険に加入していない法人を検索すれば、そうした不正を行っている会社を一発で突き止めることができる**のだ。

支払いの時効は2年間なので、もし社会保険逃れをしていたことが発覚した場合、当該法人は2年分の社会保険を支払わなければならない。前述のように、社会保険に未加入の法人数は相当数に上ると考えられるので、そこからきちんと**2年間分の保険料が徴収できれば、ひっ迫している保険財政もかなり楽になる**はずだ。

その一方で、もちろんそうした不正を行っている会社は、突然、多額の保険料を支払わなければならなくなるのだから、当然、経営は急速に厳しくなるだろう。無論、普段から社員に対する福利厚生をしっかり考えていれば、こうしたことにならないことは言うまでもない。

ここまで見てきておわかりのように、「マイナンバー制度で損をする人」の「損」というのは、つまりは今まで払うべきものを払ってこなかった「ツケ」ということになる。誰だって、いつかはツケを払わなければならない。その当然の営為が、２０１６年1月から始まるということなのである。

第３章

マイナンバー制度で「得」する人たち

マイナンバー制度で「得」をするとはどういうことなのだろうか。前章で紹介したように、マイナンバー制度が導入されれば、今まで「甘い汁を吸い続けてきた奴ら」は間違いなく痛い目に遭う。では一体、誰が制度の恩恵を受けられるのか。そして、それはどのような形で実感できるのか。誰もが関心を持っているであろう“本題”に切り込んでいきたい。

「得」するポイント①

誰も知らない日本の不公平な税の実態！

真面目なサラリーマンが実は一番得をする

マイナンバー制度が導入されて、最も得をする人は誰なのか。結論を先に明かしてしまうと、それは真面目なサラリーマンである。

といっても、マイナンバー制度が導入されたからといって、正直、税金が減ったり、公的な補助金がもらえたりするなどといった直接的な恩恵があるわけではない。

が、**日々、真面目に働くサラリーマンにとって、マイナンバー制度で間接的に得るものは、実は計り知れないほど大きい**のである。

第2章で見てきたように、富裕層の課税が強化されたり、今まで課税を逃れてきた悪い人たちが、税金を課せられたりするようになるからだ。

自分以外の人たちに課税が強化されても、別に得はしないように思われるかもしれない。が、税金というのは、そういうものではない。

税金というのは、社会的なコストを国民全体で負担するためのものである。もし、誰かがずるいことをして負担を免れていたら、他の人の負担が大きくなる。今がまさに、その状態なのである。

昨今、中間層以下のサラリーマンをターゲットにした増税が続いてきた。消費税の増税もそうだし、社会保険料の値上げなどもそうである。これは、他の層がきちんと税を負担していなかったから、そうなったのである。

そして、これからもその状態が続けば、中間層以下のサラリーマンの負担はさらに大きなものになるはずだ。

消費税の増税は、ほぼ決まっているし、社会保険料なども今後の負担増が検討されていくだろう。

しかし、**富裕層などの課税を強化できれば、そういう「将来の増税」を防ぐことにもつながる**のである。

現在、真面目に働いているサラリーマンにとって、マイナンバー制度が導入されても、生活自体はほとんど変わらない。せいぜい、役所の窓口でいちいち書類を提出する手間が省けたり、利用できるＩＤカードが増えたりするくらいのものだ。もちろん、税金や社会保険料の額も変わらない。が、将来について見てみると、大きく変わってくる。

税金を払っていない奴は誰だ?

マイナンバー制度の狙いというのは、税や社会保険の不公平の是正である。

現在の税制、社会保険制度というのは、実に巨大な不公平がまかり通っている。

そして、このシステムのなかで一番損をしているのは誰かというと、前述のように真面目なサラリーマンなのである。

もっとも普通のサラリーマンの方にしてみれば、「損をしている」と言われても、ピンと来ないかもしれない。

ほとんどのサラリーマンは、収入に応じてきっちりと税金や社会保険料を払っているし、税金や社会保険料とはそういうものだと思っているはずだ。自営業などの職種に就いている他の国民も、みなそうしていると信じているだろう。

が、サラリーマン以外の職種の人たちというのは、サラリーマンのように収入に応じてきっちり税金を払っている方が少ない、というのが実態なのだ。

サラリーマンの方は、あまりご存知ないかもしれないが、日本には、いろんな職種で「税金の抜け穴」がある。

たとえば、税務の世界には「十五三一《とうごうさんぴん》」という俗語がある。

これは、各業界が税務当局に収入を正確に把握されている割合を示すものだ。

サラリーマンは所得を10割把握されているが、自営業者は5割しか把握されていない。農業は3割で、政治家に至っては1割しか把握されていないという意味だ。

さまざまな業種の人の税金には制度的に抜け穴があり、他の人よりも税金が安くなっている。

この「特権」を持っていないのは、サラリーマンだけともいえるのだ。

「サラリーマンの税金はガラス張り、でもサラリーマンじゃない人の税金はガラス張りじゃないから税金が安い」

というようなことが、よく言われる。

実際どうなのかというと、確かにその通りである。

どれだけ税金が安くなっているのか、正確なデータはないので（どれだけ税金を誤魔化しているのか正確に申告する人はいないので）、正確な数字はわからないが、**だいたいサラリーマンは他の人の倍くらい税金を払っている**とされている。

日本の税制は自営業、農業、そして政治家天国

自営業者の場合、サラリーマンの半分しか収入が把握されていないとされている。なぜそういうことになっているのか?

サラリーマンや自営業者が払う所得税というのは、本来は収入から経費を差し引いた残額にかけられる。が、サラリーマンの場合は、いちいち申告をするのは面倒だということで、収入によって税金が自動的に決められてしまう。

自営業者の場合は天引きということはなく、原則通りに事業の経費を自分で計上することができる。自分で経費を算出できれば、儲かっているときには経費をたくさん使ったりすることで、うまく税金を調整できるわけだ。

また自営業の経費というのは、非常に広範囲に認められている。

場合によっては、家賃、光熱費、交際費、車両費などをも、経費で落とすことができるのだ。たとえば、自宅で仕事をしているフリーランスの人などは、部屋代の一部も経費に計上できる。電気代、水道代、新聞代、NHKの受信料に至る雑多な出費まで、経費として認められる場合もある。

つまり**自営業の場合は、自分の個人的な支出に近いものまでを経費として計上することができるので、領収書をかき集めて税金を少なくする、ということが可能**なのだ。

サラリーマンは、だいたい自分の収入の7割に対して税金がかかってくる。しかし自営業者の場合は、だいたい自分の収入の3割から4割にしか税金がかからないとされている。

だから**本当は儲かっているのに、経費をたくさん計上して、税金をほとんど払っていない人もたくさんいる。**たとえば、申告書上の収入は低いのに、ベンツを乗り回しているような人もたくさんいるのである。

また農家の場合、その収入は3割程度しか把握できていないとされている。

なぜそういうことになっているのか。

農業は、その所得の計算方法が、かなり大雑把なのである。農家の所得を決める方法に「検見《けみ》」という方法がある。**その地域でもっとも収穫が少ないと思われる農地の収量を基準として、その地域全部の農家の所得を決める**という方法なのだ。

もっとも貧弱な農地を基準にするのだから、どこの農家でも実際の収穫量よりかなり低い所得で収まる。

現在の日本では、所得は「収入 ―《マイナス》 必要経費」で決めるということになっている。では、なぜ農家だけがそういう特典を与えられているのかというと、旧来からの課税方法が現在もそのまま認められているからなのだ。

検見という方法は、豊臣秀吉の時代に考え出されたもので、いわゆる「太閤検地」以来のものである。その当時、農家の収入を決定できる合理的な手段がなく、かといって一軒一軒役人が農家を回って調べることもできなかったため、この方法がとられたのだ。

検見は、当時としては画期的な手段だったが、現代の日本においても、それが通用しているのは当然おかしなことである。

また農家の場合、脱税もけっこうある。**農家は農協以外に農作物を販売した場合に、その収入を隠すということがある。**農家は、主に農協に出荷しているが、必ずしもそれだけではない。

農協のルート以外で、出荷するケースも多いのだ。

農協に出荷した場合、その収入を計算した証明書を農協が発行する。しかし、その場合、多額の必要経費が認められ、所得は微々たるものとなる。そして**多くの農家は、農協から発行されたものだけしか、所得として申告していない**のだ。

農家が農協以外のルートで出荷した場合、取引先は個人的なつながりがある場合もあり、税務当局がそれを把握することは難しい。そのため農家にとっては、農協以外に出荷するものについては、丸儲けとなるケースが多いのだ。

さらに政治家の場合である。

政治家は、収入の1割しか把握されていないということになっている。なぜそういうことになっているのか？

政治家の収入においては、寄付金収入が非常に多い。力のある政治家ほど、その割合が多い。が、この寄付金というのは、現行の法律では、政治家本人がもらうものではなく、政治家がつくっている政治団体がもらうという建前になっている。

そして政治家は、その政治団体から政治活動費を受け取るという形になっているのだ。さらに、**政治団体に税金はかからないので、政治家の税金は非常に安くなっている。**

政治家が政治団体からもらう政治活動費も、非課税となっている。しかも、この政治活動費というのは、かなり広範囲で認められている。高級料亭での会食費なども、当然のように、この政治活動費から出されている。

また政治家には、裏献金がときどきある。この裏献金にも、当然のことながら税金がかからない。これらのことを総合し、政治家は収入の1割しか税務当局が把握していないのではないか、とされているのだ。

もちろんマイナンバー制度が導入されれば、こういった不公平がかなり改善されてくるはずなのである。

金持ちの税金は抜け穴だらけ

では、なぜ富裕層の課税を強化しなければならないのか？

それは、現在の日本のいびつな経済構造を是正するためである。

日本は、巨額の財政赤字を抱えている一方で、個人金融資産は、1700兆円もある。一人当たりの金融資産は1000万円を超え、アメリカに次いで世界第2位である。

しかも、こうした個人金融資産は、この20年で急増しているのだ。

1990年の段階では1017兆円だったが、2006年には1500兆円を超え、現在は前述の通り1700兆円にも達している。わずか25年の間で70％増になっているのだ。

すなわち、**90年代のバブル崩壊以降、日本経済が長い低迷に陥っているときに、個人金融資産は700兆円も上積みされていた**わけである。

ということは、「景気が悪い、景気が悪い」と言われながら、儲かっている人は儲かっていたということになる。

そして今や日本では、生まれたばかりの赤ん坊から100歳以上の老人まですべての国民が、金融資産を平均で1000万円以上も持っていることになっている。4人家族であれば、

4000万円の金融資産を持っているということである。

しかも、これには土地や建物など、金融資産以外の資産は含まれない。純然たる金融資産だけで、国民一人当たり1000万円以上ということである。

これを見て、意外に思われる方も多いのではないだろうか？

「自分は1000万円もの金融資産など持っていない」

と。

確かに一人あたり1000万円という数字は、我々にとっては、別の世界の話のようである。4人家族で4000万円も持っているなら、けっこうな金持ちの部類に入るはずだ。

しかし実際には、ほとんどの人はそんなに多くの金融資産は持っていない。

ということは、つまり、これらの金融資産の多くは、一部の人たちに集中しているということなのだ。それが、今の格差社会の大きな要因でもあり、日本の財政が悪化している大きな要因でもある。

なぜ、こんなに**個人金融資産が増えたのかというと、その大きな要因は金持ちの税金の取りっぱぐれ**である。

信じられないかもしれないが、**日本の金持ちは、先進国のなかで実質税負担率が異常に低い**のだ。

いや、名目上の富裕層の税率は、日本は確かに高い。日本の所得税の最高税率は45％なので、先進国のなかでは最も高いといえる。しかし、この所得税には、金持ちに対するさまざまな抜け穴があるため、実際の税率よりも、かなり低いもので済むようになっているのだ。

わかりやすい例を示したい。

先進主要国の国民所得に対する個人所得税負担率は、日本は断トツで低い。アメリカ12・2％、イギリス13・5％、ドイツ12・6％、フランス10・2％に対して、日本はわずか7・2％である。

信じられないかもしれないが、**日本の金持ちはアメリカの金持ちの半分以下しか税金を払っていないのである。**

2009年のアメリカの個人所得税は、1兆2590億ドルだった。これは当時のレートで日本円に直すと、だいたい100兆円ちょっとである。一方、**日本の2009年の個人所得税は、15兆5000億円程度である。なんと7分の1以下である。人口比、GDP比を考慮しても半分以下**となる。

このように、アメリカと日本の所得税の税収がこれほど違うのは、〝金持ちの税金の抜け穴〟が、ものを言っているからなのである。

個人所得税というのは、先進国ではその大半を高額所得者が負担している。ということは、日本のように国民全体の所得税負担率が低いということは、すなわち「高額所得者の負担が低い」ということを表しているのだ。

これはつまり、日本の富裕層は、先進国の富裕層に比べて断トツで税負担率が低いということを表しているのである。

この金持ちの税金の抜け穴を是正する手段の一つが、マイナンバー制度の導入なのだ。

機能していない相続税

財政赤字が1000兆円もあるのに、それ以上に個人金融資産がある、その要因の一つは、「相続税の機能障害」である。

日本の個人金融資産のほとんどは、実は高齢者が持っている。

日本の金融資産1700兆円のうち、その6割は60歳以上の高齢者が持っているのだ（日本銀行情報サービス局内サイト「知るぽると」より）。

現在、60歳以上の人口は、全人口の3割弱である。この3割弱の高齢者層が、日本の資産の6割程度を持っているのである。 しかも、これは金融資産のみである。金持ち高齢者の場合、家や土地も持っていることが多いので、それを含めると莫大な資産になる。日本の富の大半を高齢者が握っているといってもいいだろう。

高齢者というのは、他の世代に比べてお金を使う機会が少ない。子育ても終わっているし、ほとんどの人が家のローンも終わっている（もちろん多額の貯金がある人を対象にした話であるが）。だから、この世代が多額の金融資産を握ると、それがなかなか社会に出てこず、眠ったままになってしまうのだ。それが、日本の〝金回りの悪さ〟につながっているのである。

高齢者が日本の資産の大半を握っているから、日本の消費が増えない。消費が増えないと働き口もなく若い世代になかなかお金が回らない。だから若い世代の間では、しっかり働いていてもワーキング・プアやネットカフェ難民にならざるを得ない人が生じているのだ。

高齢者が、これだけ金融資産を持っていても、相続税がきちんと機能していれば、やがてそれは社会に還元される。しかし、この相続税が実はまったく機能していないのだ。

相続税の実質課税率はわずか2％

現在の税法では、日本の相続税の税率は最高55％となっている。

「資産の55％も税金で取られるのはかわいそうだ」

などと思う人もいるだろう。

しかし、ここにも数字のトリックがある。

相続税の全貌を知れば、それが高すぎるとは絶対に思われないはずなのだ。相続税には、あれやこれやの抜け穴があり、実際の税負担は非常に低いのである。

実は毎年、日本全体で発生する遺産相続に対して、その課税率は2％に満たない。

普通の人は、「相続税の税率は55％」といわれると、遺産の55％が税金で持っていかれるような印象を持つはずだ。しかし、55％というのは名目上のことであって、**実際に納付されている税金は遺産の2％という驚くべき低さ**なのである。

個人金融資産がこれほど膨れ上がっているのに、遺産のたった2％しか税金を取れていないということは、かなり問題だといえる。「一番、金があるところから、ほとんど税金を取れていない」ということだからだ。

では、なぜ相続税の課税率がこれほど低いのか？

その要因は多々あるが、大きな要因の一つには相続財産の明確な把握ができにくいということがある。財産にはさまざまなものが含まれており、預金だけではなく有価証券、不動産など多岐にわたる。これらには、家族名義にされているものもある。

しかし、**マイナンバー制度が導入されれば、こうした分散した資産の把握も個人番号をたどることにより、かなり容易になる。だから、今よりは相続税の課税率が上がる**のは間違いないだろう。

何度もいうように、個人金融資産が膨れ上がりすぎて、日本経済の金回りを悪くしているわけである。しかも、1700兆円の個人金融資産の大半は高齢者が持っている。だから、この資産を相続税で捕捉できなければ、そっくりそのまま次世代に残されることになる。となると、貧富の格差が本格的に固定してしまうことになるのだ。**相続税には、「税収を得る」ということとともに、「貧富の差を固定しない」という役割がある。ところが現在の相続税は、機能をまったく果たしていない**のだ。このままいけば、日本はもっともっと格差社会が進行してしまう。

そのような事態を招かないための方策の一つとして、マイナンバー制度は非常に有効なのである。

「得」するポイント②
見えない資産をしっかりとあぶりだす！

市民運動家が大きく勘違いしていること

先ほども少し触れたが、マイナンバー制度の導入に関して、猛反対している市民運動家の方も多い。

筆者は、市民運動家の方たちが、常日頃、社会のために一生懸命活動されているということは、知っているつもりである。市民運動家の方に知人も多い。

だが、**マイナンバー制度に関する限り、反対運動を精力的に行っている市民運動家の方々は、大きな勘違いをされている**と思われる。

というのも、先ほどから述べてきたように、マイナンバー制度というのは、富裕層や脱税者を主なターゲットにしたものであり、市民運動で守らなければならないはずの貧困層や一般の善良な方々にとっては、ほとんど関係なく、むしろ間接的には大きな恩恵をもたらすものだからだ。

市民運動家の方々のマイナンバー制度反対の主な理由は、「プライバシーの侵害」である。市民の財産が、国や税務当局に把握されることに対して、強い危機感を持たれているのだ。

さらには、マイナンバー制度を悪用して、市民を過度に監視するのではないか、とも主張されている。国家の不都合な人物をターゲットにして、資産関係を洗いざらい調べ、その人を不都合な方向に追い込むのではないか、戦前の治安維持法のようなことが起きるのではないか、というのである。

が、こうした主張は大きな勘違いに基づいたものである。

というのも、そもそも**現行の法律でも、税務当局というのは、市民の財産を丸裸にしようと思えばできる**のだ。

現在、税務署の国税調査官たちには、「質問検査権」という国家権限を与えられている。

質問検査権とは、国税調査官は国税に関するあらゆる事柄について国民に質問できる、という権利である。国民はこれを拒絶することはできない。

たとえば警察は、何か犯罪の疑いのある人に対してしか取り調べはできない。任意で話を聞くというようなことはあるが、それはあくまで「任意」である。その人には、拒否する権利もある。だから、誰かを取り調べしようと思えば、逮捕したり勾留したりする以前に客観的な裏付けが必要となる。

また勾留期限なども法的に定められており、何の証拠もないのに、誰かを長時間拘束したりはできない。

しかし、国税調査官の持っている質問検査権の場合は、そうではない。**日本人に対してならば、どんな人に対しても、国税調査官は税金に関して質問する権利を持っている**のである。赤ん坊からお年寄りまでである。

国民はすべて国税調査官の質問に対して、真実の回答をしなければならない。拒否権、黙秘権は認められていないのだ。

また「国税に関することはすべて」というのは、かなり範囲が広い。国民の収入に関するあらゆること、国民の財産に関するあらゆることを、国税は質問する権利を持っているのだ。

つまり、国税の知り得るものは国民の経済生活のすべてといってもいい。

国税調査官は、収入・資産に関するものであれば、何でも見せてもらうことができるのである。

帳簿や領収書だけではなく、事業や仕事に関するあらゆる書類、データ、預貯金などの金融資産、不動産資産、自家用車などの固定資産などを調査することができるのだ。

現状でも税務当局は金融機関を意のままにチェックできる

そして国税庁は、納税者の資産を調査するために、強力なツールを多々持っている。たとえば、**国税庁（税務署）の調査官は、金融機関に命じて、納税者の金融資産をすぐに調査をすることができる**のだ。

金融機関というのは、税務署の命令には絶対服従の関係にある。

そもそも金融機関は、官庁の厳しい監督下にある。

もし法的におかしいことをすれば、即業務停止になる。だから、金融機関は監督官庁に弱いのだ。

当然、金融機関は官庁のいうことを非常に素直に聞く。税務署が調査をしたいといえば、金融機関はいつでもにこやかに応じざるを得ないのだ。

税務署は「調査依頼書」という紙切れ一枚で、自在に金融機関が持つ情報を調査することができる。つまり、**銀行のなかにある書類やデータは、事実上、税務署が自由に見ることができるのだ**。調査依頼書も、裁判所の許可などは必要なく、税務署で独自に発行できる。しかも、これは税務署長の決裁なども必要なく、現場の調査官が事実上、自由に発行できるのだ。

つまり、税務署はいつでも自由に金融機関を調査することができるといってもいいのだ。

もし銀行が脱税に加担していたり、銀行自体が課税漏れなどをしたりした場合は、国税庁から強く罰せられる。最悪の場合、その支店を閉鎖することもできるのだ。

そのため銀行は、国税庁のいうことは何でも聞かなければならない、というような状況になっている。

銀行というのは、脱税者が脱税資産を保管する場所でもある。

当然のことながら、隠し口座などを銀行につくっておくことが多いからだ。銀行は、別に脱税に協力しているわけではなくとも、知らぬ間に脱税に使われていることなどもままある。

そのため、国税は、ときどき銀行の取引を調査する。銀行は、国税の調査に対して全面的に協力しなければならない。銀行は、自分たちの身の潔白を証明するためにも、国税、税務署の調査に協力せざるを得ないのだ。

もし銀行が、調査に協力しなかったら、その店舗の営業を止めさせて、強制的に調査するということもある。もしそうなった場合、支店長のクビは確実に飛ぶといわれている。

そのため、国税局や税務署の調査官たちは、納税者の資産状況、売上金の入金状況などを調べるために、銀行に問い合わせたり、実際に銀行に出向いたりして、情報を収集している。

事業者の所得税や法人税の申告書には、原則として取引銀行を記載しなければならない。しかし、申告書に記載された銀行以外とも取引をしているかもしれないので、調査官は、事業所や代表者の近隣の銀行などに、取引がないかどうか、問い合わせをする場合もある。

だから、本人名義だけではなく、事実上、全国のあらゆる銀行口座を、国税庁の調査官全員が見る権限を持っているのだ。

このように、もし国が、市民運動家などをターゲットにして、財産を把握しようと思えば、今の法律でもすぐにできるはずなのである。逆にいえば、マイナンバー制度が導入されたからといって、市民の権利が今よりも侵害されることはない、ということである。

長者番付の廃止から始まった超高額所得者の激増

国民の資産が隠蔽されてしまえば、得をするのは金持ちだ。

そのわかりやすい例を一つ挙げたい。

戦後の日本では、半世紀以上の間、「長者番付」という制度があった。

長者番付というのは、一定以上の高額収入がある者の氏名を税務署が公表するという制度である。

なぜ長者番付という制度ができたのかというと、高額所得者を発表することで世間の人々に高額所得者を監視させる、という意味があったのだ。**高額所得者はそれだけ社会的責任も大きいので、世間から監視される必要がある**ということだ。

長者番付の発表は、毎年4月に行われ、春の風物詩ともなっていた。

しかしこの長者番付、2005年に突然廃止された。

廃止の理由は、「個人情報保護のため」ということになっている。長者番付では、高額所得者の住所が特定できるため、個人情報保護の観点からよろしくないというわけだ。

この「長者番付制度」が廃止されると、世の中はどうなったか？

億万長者が激増したのである。

国税庁の統計では、**2000年代以降、特に2005年あたりから高額所得者が急増しているのだ**。これは大企業などが、役員報酬を大幅に増額したからである。しかも、1000万円や2000万円といったレベルの準高額所得者ではなく、1億円、2億円という超高額所得者が激増したのだ。

それまでは、長者番付制度があったので、企業はそう簡単に役員などの報酬を急増させるわけにはいかなかった。世間からの批判が起きるからである。

「社員の給料は上げないで、リストラなどをしているのに、なぜ役員の報酬ばかりを上げるのか」

というような声が上がるからだ。

しかし、長者番付制度が廃止されてからは、企業はそういう遠慮をしなくていいようになった。だから、2005年ごろから役員報酬は激増しているのである。サラリーマンの平均給与は下がっていたにもかかわらず、だ。

それが格差社会の大きな要因の一つになっていると見て間違いない。

マイナンバー制度導入で明るみに出る「幽霊資産」

「マイナンバー制度を導入しなくても、現行の法律でも市民の財産を把握することができるのなら、そもそもそんな制度など導入しなくていいじゃないか」

こう考える人もいるだろう。

しかし、マイナンバー制度というのは、そのような意図で導入されるものではないのだ。

現行の法律でも、「怪しい人」の資産について、徹底的に調べることはできる。だから、「怪しい人」の存在がわかっていれば、今の法律でも十分に資産調査はできる。

しかし、そもそも脱税などをめぐっては、そうした「怪しい人」を見つけ出すのが一番大変なのである。脱税というのは、誰がどこで行っているかが、なかなかわからないからだ。

普通の犯罪であれば、「事件」があり「被害者」がいる。事件が起きれば、どこかに犯人がいることは間違いない。

だから、警察はその犯人を追いかければいいわけだ。

しかし、脱税の場合、直接の被害者はいないし、目に見えるような形で事件が起きているわけではない。

どこかで誰かが粛々と行っているだけなのだ。つまり、脱税というのは、まったく何の手がかりもないところから、見つけ出さなくてはならないのである。

そういうなかで、**脱税の端緒となるのが「怪しい資産」**である。脱税者は、得てして脱税マネーをどこかの金融機関に置いているものである。そして、その金融資産は、正規の名義ではなく、家族や知人、他人の名義を使っていることも多い。

そういった、どこの誰のものともわからない「幽霊資産」が、金融機関には、思いのほかあるものなのだ。そうした「幽霊資産」に関して、マイナンバー制度を導入すれば、一網打尽に把握することができる。

そして、「幽霊資産」の持ち主をたどっていけば、脱税が発覚する可能性も高くなるのだ。

つまり**マイナンバー制度というのは、「特定の人の財産をとことん調べる」というよりも、全国の金融機関に置かれている「誰のものかわからない幽霊資産」を網羅的に把握するのが目的**なのである。

「得」するポイント③

実は貧困層にとっても有利に働く！

“真っ当”な生活保護受給者も得をする

急な失業や病気などにより生活保護を受けざるを得なくなった真っ当な受給者も、マイナンバー制度が導入されれば、間接的に得をすることになる。

現在、生活保護はさまざまな問題を抱えている。

その一つが、不正受給の問題である。

不正受給事件が頻発するため、真面目な生活保護受給者も、世間から白い目で見られてしまう、という事態になってしまった。

自治体では不正受給を防ぐために、資産調査の強化などをしてきたというが、それでも不正受給の発覚が後を絶たない。

たとえば、2007年には北海道の滝川市で、暴力団組員が生活保護を約2億円も不正に受給していたという事件が発覚した。

この男は、２００６年に札幌市から滝川市に転入し、病気を理由に生活保護を申請し受給が認められた。そして、病気の治療費として、滝川市から札幌付属病院までの介護タクシーでの通院費用（一回あたり約30万円）を滝川市に請求し、滝川市はそれを支払っていた。

ところが、この男は、実際は滝川市には住んでおらず、札幌市で豪華温泉付きのマンションから病院に通院していたのだ。つまり、タクシー代はまったく架空だったのである。

また、２０１２年2月には、大阪で年収１０００万円を超えていながら、生活保護を不正受給していたとして、露天商の男が詐欺の容疑で逮捕された。この男は、「病気で働けない」などという理由で、次男と二人分の生活保護を申請し、6年半に渡って約３２００万円もの額を、不正受給していたのだ。

こういった**生活保護の不正受給は、マイナンバー制度の導入によって、資産の把握が容易になればかなり防げる**はずである。

生活保護の申請を受けたときに、福祉事務所は近隣の金融機関で資産調査をすることになっている。これは申請者本人や家族名義の預貯金を調べるためのものである。

福祉事務所からは前もって、申請者に対して「必要なときには福祉事務所は金融機関や職場に対して、資産や収入に関する調査を行ってもいい」という同意書を取っておくことが多い。

この同意書に沿って、福祉事務所は金融機関などに照会をかけるのだ。

しかし、不正受給をしようと思っている人たちは、この金融機関への照会を妨害したり、家族名義などに資産を移したりするので、正確な把握ができにくい。その欠点が、マイナンバー制度を導入すれば、かなり改善されるはずだ。

また暴力団関係者にとって、生活保護は今も収入源の一つになっているという。

暴力団も、昨今では収入が激減しているので、資金源として生活保護を求めている。そのため暴力団のなかには、新規組員にはまず生活保護を申請させるというところもあるという。また、暴力団組員にとって、生活保護を騙し取ることさえできなければ、他のしのぎなど到底できないので、新組員の最初の課題として生活保護の申請をさせる組もあるという。

そういう人たちに対し、マイナンバー制度により資産が把握できていれば、「あなたは資産があるから、法的に支給できない」として拒絶することができるのである。

本当の貧困者が生活保護を受けやすくなる

生活保護には、「不正受給」よりももっと大きな問題がある。

それは、「もらい漏れ」の問題である。

今の日本社会は、生活保護を受給できるレベル（つまり所得が一定基準以下ということ）の人が激増している。ところが、実際に生活保護を受給している者というのは、そのうちのごく一部にすぎない。

現在、生活保護以下の生活をしている人というのは、1000万人以上と推定されている。いささか古いデータだが、2007年、厚生労働省は、生活保護を受ける水準の家庭がどのくらいいるかという調査を行い、その結果を発表した（「生活扶助基準に関する検討会・第一回資料」）。この調査結果によると、人口の6～7％を占める低所得者層が、生活保護水準以下の生活をしていることが判明した。

現在、景気は改善しているとはいえ、中流以下の人たちの所得はあまり増えていないので、低所得者層はこの数字より増えこそすれ、減ってはいないはずだ。

仮に国民の7％とするならば、約900万人である。**生活保護を受けている人は200万人なので、700万人が生活保護の受給から漏れている**ということである。

この700万人が生活保護の申請をすれば、その多くは生活保護を受けられるはずである。

なぜこれほどもらい漏れが起きているのかといえば、理由は多々あるが、そのうちの大きな一つが「役所がなかなか受け付けてくれない」ということである。

地方自治体としては、なるべくなら生活保護は受け入れたくない。特に、財政事情の苦しい自治体や生活保護者の多い自治体は、その傾向が強くなる。

また昨今は、不正受給の問題もあるので、役所は生活保護の申請に非常に慎重である。これは役所自体の問題もあるが、「資産把握が難しい」ということもネックになっている。申請者の資産の把握が難しいので、「申請者が本当に困っているかどうかがわからない」のだから、申請の受理をなかなかしないのである。

もちろん、本当に困っている人の申請の受理をしないのは、役所の落ち度である。申請者の資産を把握するのは役所の仕事だから、資産がわかりにくいからといって、申請を拒否していいはずはない。

だが、マイナンバー制度で資産の把握が容易になれば、申請が今よりスムーズになることは間違いない。また、資産の把握ができているにもかかわらず、申請を受理しなかったとなれば、役所の責任も明確に追及される。

つまり、**本当に困っている人、本当に資産を持っていない人にとって、マイナンバー制度は得をする制度**なのである。

年金の漏れが防げる

マイナンバー制度導入の目的の一つに、「行政の効率化」というものがある。

行政の効率化といわれても、一般の人にはなかなかピンと来ないものだろう。が、実は国民の実生活にも大きく影響するものである。

たとえば、**年金の記録なども今よりも格段に正確になる**。

もちろん、年金というのはマイナンバー制度があろうがなかろうが、きちんと管理してもらわなければならないものであり、漏れなどがあること自体がそもそもの問題ではある。

そうした漏れを防ぐための手立ての一つとして、マイナンバー制度は非常に役に立つのだ。

一般の人は、行政の情報というのは、官庁が全体で共有しているものと思っているかもしれない。が、実は、**一つの官庁や役所が持っている情報は、原則として他の官庁に勝手に流したりすることは、できない**ようになっている。

だから、管轄する官庁が変更になったような場合は、情報の移管に齟齬が生じることもあるのだ。

年金漏れの原因の一つが、受給対象者の職場が変わったり、住所が変わったりすることである。そのたびに、その人の年金を管理する役所の部署が変わってしまうので、データの移行にミスが出てしまうのだ。

職場というのは、社会保険に入っているところもあれば、入っていないところもある。また社会保険の仕組み自体が、職場によって変わる。たとえば、筆者はもともと公務員だったが、公務員をやめて会社員になり、その後、個人事業者になり、さらに会社をつくって会社役員になった。

そのたびに加入する社会保険は変わる。幸い、筆者の年金について漏れはないが、それでも、送られてくる通知を見ると、あるいは漏れているのではないかと疑われるようなことが何度かあり、年金事務所にたびたび問い合わせたことがある。

こうした具合に職場を転々としていれば、年金などの記録がどうしても、引き継げなくなったり空白になったりすることも出てくるのだ。

そうしたミスを防ぐためにも、マイナンバー制度は有効なのである。

ここまで見てきておわかりであろう。来たるべきマイナンバー時代においては、とにかく真面目に働いて分相応の税金を納める。会社を経営しているならば、きちんと社会保険に加入し、社員に対し最低限の福利厚生を適用する。

この日本人として、ごくごく当たり前のことを行っていれば、マイナンバー制度は国民生活に非常に有用に作用するのである。

フランス 	デンマーク 	韓国 	シンガポール 
住民登録番号制度	国民登録制度	住民登録制度	国民登録制度
15ケタの数字（性別、出生年・月、出生県番号、出生自治体番号、証明書番号、チェック番号）	10ケタの数字（生年月日、無作為な数字<出生世紀、性別>）	13ケタの数字（生年月日、性別、申告地番号、届出順番号、チェック番号）	9ケタ（二つのアルファベットと7ケタの数字）の番号
・フランスで出生したすべての人 ・フランスの社会保障制度利用者	・デンマークで国民登録する者（すでに国民登録している母親のもとデンマークで出生した者、電子教会登録簿に出生又は洗礼登録した者、国内に3ヵ月以上合法的に居住する者） ・労働市場補助年金基金に含まれる者、など	・韓国に居住する国民（17歳到達時に住民登録証の発給申請義務あり） ※韓国に90日以上居住する外国人には外国人登録番号、在外国民及び在外同胞には国内居住申告番号を付与	・国民 ・永住権所有者 ・就労許可を受けた在留外国人
ヴィタルカード（ICチップ搭載の保険証）	なし（2010年、紙製IDカード廃止。国民健康IDカード、運転免許証、パスポートに国民登録番号が記載）	住民登録番号証（17歳以上は常時携帯。現在ICカードへの移行を計画中）	国民登録番号証（プラスチック製）
年金、医療、税務、その他（選挙票の交付）など	年金、医療、税務の他、市民生活で必要となる行政サービス	電子政府ログインID、年金、医療、税務など	電子政府ログインID、強制積立貯蓄制度、税務など
許可が必要（一部を除きほとんど不可）	制限なし	制限なし	制限なし

※内閣官房社会保障改革担当室、内閣府大臣官房番号制度担当室「マイナンバー社会保障・税番号制度概要資料」より作成

主な国のマイナンバー制度比較

国名	ドイツ 	アメリカ 	スウェーデン 	オーストリア 
制度の名称	納税者番号制度	社会保障番号制度	個人番号制度	中央住民登録制度
番号の構成	11ケタの番号（無作為）	9ケタの数字（地域、発行グループ、シリアル番号）	10ケタの数字（生年月日、生誕番号、チェック番号）	12ケタの数字（無作為）
付番対象	すべての居住者（外国からの移住者も）	・国民 ・労働許可を持つ在留外国人（本人からの任意の申請に基づき発行）	・国民 ・1年を超える長期滞在者	・オーストリアで出生した国民 ・国内に居住地を得た外国人 ※国外に居住する国民、一時的な外国人居住者は補助登録簿番号で管理
身分証明書（カード等）	eIDカード（ICカード）（納税者番号の記載なし）	社会保障番号証（紙製）	なし（18歳以上の本人が希望すれば国民IDカードが取得可能）	市民カード（ICカード等の物理的媒体ではなく考え方。要件を充たせば保険証カードや携帯電話も可）
利用範囲	税務	年金、医療、その他社会扶助、行政サービス全般の本人確認など	年金、医療、税務、その他行政全般、行政サービス全般の本人確認など	年金、医療、税務など、計26の業務分野で情報連携
民間利用	禁止（税務で必要な用途は可能）	制限なし	制限なし	本人同意があれば民間分野番号を生成して利用可能

※ドイツでは行政分野を横断する形で個人識別番号を持つことは違憲とされたため、行政分野ごとに個人識別番号を採番している。自治体レベルの登録情報を連邦レベルへと集約したのち、全国民へ個別ＩＤを付番したものとして、納税者番号制度を記載。

さらに詳しく知りたい人のための

マイナンバーQ&A

Q.
01

カードの番号を選んだり、あるいは変えたりすることは可能？

A.
01

自分の個人番号を自由に選ぶことはできない。また、個人番号は基本的に変更することも不可能だが、紛失、盗難などにより不正利用される恐れがあるときは変更できる。ただし現状、何をもって「不正利用の恐れあり」と判断するかの基準は決まっていない。そのため、個人番号が嫌いだからといって、わざと紛失したとしても、必ずしも番号を変えられるわけではない。

Q.
02

通知カード、個人番号カードを紛失したらどうなる？

A.
02

再発行の手続きを行う。現状、地方公共団体が共同して運営する「地方公共団体情報システム機構」に再発行の申請を行うこととなっている。ただし再発行後も、番号は変わらない。また、再発行手数料は、国の方針としては原則有料。現状、自治体ごとに発表しているところとそうでないところがあるが、たとえば世田谷区やさいたま市は再発行手数料として、「通知カード500円」「個人番号カード800円」と定めている。

Q.
03

引っ越し、結婚などで個人情報が変わったらどうする？

A.
03

結婚などで通知カード、個人番号カードの記載内容に変更があったときは、14日以内に市町村に届け出て、カードの記載内容を変更してもらわなければならない。また、同様に引っ越しをしたら、市町村に転入届を届け出る際にカードを提示し、その記載内容を変更してもらわなければならない。なお、海外に移住する際は、いったん失効するので市区町村にカードを返納しなければならない。ただし、一度振られた番号は生涯変わらないので、海外移住時点で住民票を抜いても、日本に戻ってきたら同じ番号を使うことになる。

Q.
04

個人番号カードのICチップって、どんな情報を記録しているの？

A.
04

カード面に記載されている情報（氏名、住所、生年月日、性別、個人番号、名義人の写真など）や総務省令で定められた公的個人認証に関する電子証明書、市町村が条例で定めた事項などに限られる。また、税金の支払いや年金の受給額、所得などプライバシーにかかわる個人情報は記録されないことになっている。

Q. 05

そもそも個人情報はどうやって管理しているの？

A. 05

各行政機関が保有している日本在住の人すべての個人情報を、一つの巨大なデータベースで一元管理しているようなイメージがあるが、実際は違う。そうした「一元管理」方法ではなく、マイナンバー制度導入前と同様、個人情報は各行政機関等が保有し、たとえば日本年金機構が地方税の情報を必要とした場合、機構が自治体に照会してから提供を受ける「分散管理」方式を採用している。

Q. 06

マイナンバー制度を監督するのはどんな機関？

A. 06

マイナンバー自体は4つの省庁が管轄している。番号制度に関する法律（マイナンバー法）は内閣府、個人番号の通知等及び番号カードの所管は総務省、法人番号の通知等は国税庁、情報連携基盤は内閣府・総務省の共管となる。また、実際に情報取り扱いの監視・監督は「特定個人情報保護委員会」が行う。これは原子力規制委員会などと同じく政府から独立した第三者機関。とりわけ立入検査権を保有しているので、各自治体や行政機関、あるいは民間事業者に至るまで、重大な違反行為が疑われる場合は、文字通り立入検査が行われる可能性もある。

Q. 07 「成り済まし」でマイナンバーを利用される恐れはないの？

A. 07

番号制度の先進国アメリカでは、成り済まし事件が絶えない。2015年5月にも、IRS（米内国歳入庁）への不正アクセスが要因とみられる、1万3000人分、3900万ドル（49億円）の税還付詐取事件が発生した。アメリカでは番号だけで本人確認することもあったため、日本では成り済ましが起こらないよう、申請書の提出の際に個人番号が記載された書類（個人番号カードなど）の提示を求めるなど、本人確認の手続きを厳しくしている。

Q. 08 個人番号で前科の有無やその内容もわかってしまうの？

A. 08

現在の番号法（マイナンバー法）では、犯罪歴と個人番号のヒモづけはできないことになっている。これは個人番号の適正な取り扱いを進めるために決められた。他にも、病歴、買い物履歴、あるいはWeb閲覧履歴、位置情報などに関しても、個人番号の利用は認められていない。ただし、所得は別だ。所得を把握する権限を持っている者、たとえば税務署や市役所の担当職員、あるいは勤務先の経理といった給与担当者などは知ることができる。もちろん、会社の同僚、あるいは役所の関連部署の担当者がそれを閲覧することはできない。

Q.
09

情報漏えいが心配なので、個人番号を提出したくない場合、どうなる？

A.
09

法律上必要な場合は、たとえどんな心配があろうと個人番号を提出をしなければならない。これは税法やその他の法律で定められた義務となっている。それでも勤務先や市町村に提示するのに不安を感じる場合は、いくつかの方法をとることができる。たとえば、勤務先等の個人情報の扱いに疑問を感じたら、特定個人情報保護委員会に苦情のあっせんなどを行うことが可能だ。また最悪、不正利用の疑いがある場合は、それが認められれば個人番号の変更が認められることもある。

Q.
10

会社から内定をもらったら個人番号を伝えなければならない？

A.
10

「内定」の持つ意味が会社によって異なるため一律な決まりはないが、確実に入社が決まった時点（正式な内定通知をもらい、入社に関する誓約書を提出した場合など）で、会社の求めに応じて個人番号を伝える。また、家族がいる場合、社会保険の申請等の関係で、自分の他に配偶者と扶養家族それぞれの番号も伝えなければならない。なお、会社を辞めた後、自分の個人番号が記載された書類に関しては、法定保存期間（現状、退職後最長 7年）が過ぎたら会社側が破棄することとなっている。

Q. 11 他人に自分の番号を見られたら問題が起きる？

A. 11

自分の番号を見られただけでは問題にならないとされる。ただし、罰則こそないものの、たとえばフェースブックやツイッターといったSNSなどで、マイナンバーを不必要に公開することは認められていない。一方で、マイナンバーの提示を求められたらとしても、どんな場合でも提示すべきものでもない。マイナンバーは、社会保障、税、災害対策の分野の手続きのために、税務署、地方公共団体、勤務先、金融機関、年金・医療保険者、ハローワークなどに提供する場合を除き、むやみに他人に提供することはできない。

Q. 12 知り合いに頼まれた場合、その人の個人番号を他人である自分が管理できる？

A. 12

たとえ、カードの名義人の同意があったとしても、個人番号の収集は一切認められていない。それが認められているのは、同居している配偶者や子どもなど、同一世帯人の個人番号を収集する場合、それから個人番号利用等に必要な範囲（健康保険証の交付など）、国税・地方税連携、番号法違反事件に関連し証拠として提出するといった公益上の必要性などが認められた場合だけだ。これ以外のケースでは、たとえ本人の同意があっても収集は認められていない。

Q. 13

「マイナポータル」って誰でも使えるの？

A. 13

マイナポータルは、基本的にパソコンがなければ使うことができない。また、ログインする際に個人番号カードのICチップに記録された電子証明書が必要になるため、個人番号カードも必要となる。パソコンを所有していない、利用できない、あるいは個人番号カードを取得していない場合、情報保有機関に対して「書面による開示請求」する方法がある。また、各自治体によって異なるが、マイナポータルを利用できるよう公的機関などへの端末の設置が検討されている。

Q. 14

災害時に個人番号をなくしてしまったらどうなる？

A. 14

通常、自分の個人番号は、通知カード、個人番号カード、あるいは個人番号記載の住民票によって確認できる。ただし、災害などが起きた場合、そもそもそういったカードを所持していないこともあるだろうし、また災害の影響によりカードを紛失し、さらに住民票の取得が不可能なこともあるだろう。そうした場合は、個人番号は市区町村、あるいは地方公共団体情報システム機構が把握しているので、それらに氏名、住所、生年月日、性別などを連絡すれば、自身の番号を確認できる。

Q. 15 家族が亡くなったらカードはどうする？

A. 15

死亡届が出された時点においてカードは失効する。しかし、マイナンバーは実は一生涯を超え死後も存在し続ける。そのため、死亡した名義人のマイナンバーが廃止されたり、死亡後に生まれてくる日本に住民票を持つ人に、その番号が付与されたりすることはない。さらに、海外移住の際のように、カードの返納義務もない。これに対し、日本医師会などは、「過去から現在治療中の病気、死後にいたるまでヒモづけできる」にもかかわらず、「病歴の消去」「管理番号の変更」などが明確化されていないという欠点を指摘している。

Q. 16 マイナンバーについて、もっと詳しく知りたいときはどうすればいい？

A. 16

まずは、マイナンバーコールセンターに問い合わせてみる。電話番号は、0570-20-0178（全国共通ナビダイヤル）。また、外国語対応（英語、中国語、韓国語、スペイン語、ポルトガル語）の番号は0570-20-0291となっている。また、ホームページも各省庁がオープンしている。一般の人向けだと、「内閣官房」http://www.cas.go.jp/jp/seisaku/bangoseido/、あるいは「政府広報オンライン」http://www.gov-online.go.jp/tokusyu/mynumber/、事業主向けだと「厚生労働省」http://www.mhlw.go.jp/stf/seisakunitsuite/bunya/0000063273.htmlなどが充実している。

●著者略歴

大村大次郎（おおむら・おおじろう）

大阪府出身。元国税調査官。国税局で10年間、主に法人税担当調査官として勤務し、退職後、経営コンサルタント、フリーライターとなる。執筆、ラジオ出演、フジテレビ「マルサ!!」の監修など幅広く活躍中。

主な著書に『完全図解版　あらゆる領収書は経費で落とせる』『無税国家のつくり方』『税金を払う奴はバカ！』『税金を払わない奴ら』（以上、ビジネス社）、『「金持ち社長」に学ぶ禁断の蓄財術』『あらゆる領収書は経費で落とせる』『税務署員だけのヒミツの節税術』（以上、中公新書ラクレ）、『税務署が嫌がる「税金0円」の裏ワザ』（双葉新書）、『無税生活』（ベスト新書）、『決算書の9割は嘘である』（幻冬舎新書）、『税金の抜け穴』（角川oneテーマ21）など多数。

マイナンバーで損する人、得する人

2015年 8 月18日　第 1 刷発行
2015年10月21日　第 4 刷発行

著　者　大村大次郎

発行者　唐津 隆

発行所　株式会社ビジネス社

〒162-0805　東京都新宿区矢来町114番地 神楽坂高橋ビル5F
電話　03-5227-1602（代表）
http://www.business-sha.co.jp

〈総合ブックデザイン〉エムアンドケイ　茂呂田剛　畑山栄美子
印刷・製本／三松堂株式会社
〈編集担当〉大森勇輝　〈営業担当〉山口健志

ISBN978-4-8284-1834-6